Langenscheidt
Kurzgrammatik

# Italienisch

Von Elke Spitznagel

Langenscheidt
München · Wien

Herausgegeben von der Langenscheidt-Redaktion
Erweitert von Dott.ssa Laura Marini
**Lektorat:** Georgette Liedtke
**Layout:** Ute Weber
**Umschlaggestaltung:** Guter Punkt, München

**Laden Sie sich auf www.langenscheidt.de/kurzgrammatik mit dem Code ki182 kostenlos zusätzliche Übungen herunter.**

**Gestaltung Kapitelauftaktseiten:** Das Illustrat, München

Bildnachweis: Igor Stepovik / Shutterstock (S. 24); Kletr / Shutterstock (S. 32); Elena Schweitzer / Shutterstock (S. 39); Eugene Partyzan / Shutterstock (S. 45); musicman / Shutterstock (S. 49); Ksenia Raykova / Shutterstock (S. 55); Akos Nagy/ Shutterstock (S. 76); pathdoc / Shutterstock (S. 86); Sunny studio / Shutterstock (S. 108); Ollyy / Shutterstock (S. 118, 122, 129); lassedesignen / Shutterstock (S. 133); Kiselev Andrey Valerevich / Shutterstock (S. 137); Dean Drobot / Shutterstock (S. 141); Khalchenko Alina / Shutterstock (S. 146); Annette Shaff / Shutterstock (S. 151); BrAt82 / Shutterstock (S. 155).

www.langenscheidt.com


**Satz:** Franzis print & media GmbH, München
**Druck und Bindung:** Druckerei C. H. Beck, Nördlingen

ISBN 978-3-468-35183-9

18020

# Vorwort

Mit unserer Kurzgrammatik Italienisch bieten wir Ihnen ein Rundum-sorglos-Paket für den schnellen Überblick: Der Niveaustufentest zu Beginn, Tipps & Tricks erleichtern Ihnen das Grammatiklernen, unsere Schnell-Lern-Methode und zusätzliche Übungen zum Download bringen Sie leicht und schnell ans Ziel!

Eingangs zeigt Ihnen der **Niveaustufentest**, auf welcher Stufe Sie stehen. Am Ende können Sie ihn wiederholen, um Ihren Fortschritt zu überprüfen. Mit den Lösungen erhalten Sie auch Empfehlungen zur Verbesserung Ihrer Sprachkenntnisse.

Der **Kapitel-Aufbau** folgt einer klaren Struktur: Zunächst werden die Formen präsentiert, dann wird ihr Gebrauch erörtert und durch Beispiele mit Übersetzung veranschaulicht. Die farbige Gestaltung und viele selbsterklärende Symbole tragen dazu bei, dass Sie sich innerhalb der Kapitel gut zurechtfinden. Nutzen Sie die Schnell-Lern-Methode, um sich einen Überblick zu verschaffen und sich das Wichtigste noch leichter einzuprägen: Nach jedem Kapitel präsentieren die grünen Seiten **Auf einen Blick** die wichtigsten Regeln, weitere Beispiele und Stolpersteine.

**Niveaustufenangaben** (A1, A2, B1, B2) begleiten Sie durch das Buch. Diese verraten Ihnen, welche Grammatikthemen und welche Regeln für Ihr Lernniveau relevant sind und beziehen sich nicht nur auf das jeweilige Grammatikkapitel, sondern auch auf das in den Beispielsätzen verwendete Vokabular. So wissen Sie auch genau, dass Ihnen dieser Wortschatz bekannt sein sollte.

In der Praxis heißt das: Ist ein Grammatikkapitel beispielsweise der Niveaustufe A1 zugeordnet, so sind alle verwendeten Vokabeln A1, es sei denn, sie sind mit einer anderen Niveaustufe, z. B. A2 (direkt vor dem jeweiligen Wort oder Satz), versehen. Alle in diesem Kapitel enthaltenen Grammatikregeln sollten Sie dann beherrschen, es sei denn, eine Niveaustufenangabe am Rand weist Sie darauf hin, dass diese Regel für ein höheres Niveau, z. B. B1, bestimmt ist.

Hier eine kurze Erläuterung, welche Kenntnisse auf diese Niveaustufen des Europäischen Referenzrahmens zutreffen:

A1/A2: *Elementare Sprachverwendung*, d. h.
A1: Sie können einzelne Wörter und ganz einfache Sätze verstehen und fomulieren.
A2: Sie können die Gesprächssituationen des Alltags bewältigen und kurze Texte verstehen oder verfassen.

B1/B2: *Selbstständige Sprachverwendung*, d. h.
B1: Sie können sich in den Bereichen Alltag, Reise und Beruf schriftlich und mündlich gut verständigen.
B2: Sie verfügen aktiv über ein großes Repertoire an grammatikalischen Strukturen und Redewendungen und können im Gespräch mit Muttersprachlern bereits stilistische Nuancen erfassen.

Damit Sie Ihren Lernerfolg abschließend überprüfen können, finden Sie am Ende des Buches einen **Test** zu jedem Grammatikkapitel. So können Sie zum einen feststellen, wo Sie noch Schwachstellen haben und welches Kapitel Sie sich demnach noch mal ansehen sollten, und zum anderen, wo Sie schon richtig fit sind.

Nutzen Sie unsere zusätzlichen **Übungen zum Download** (den Zugangscode finden Sie im Impressum auf S. 2), um sich weiter zu verbessern. Hier können Sie Ihre Grammatikkenntnisse perfektionieren und das Gelernte festigen.

Nun wünschen wir Ihnen viel Spaß und Erfolg beim Italienischlernen!

Ihre Langenscheidt-Redaktion

## Symbole

Infos über Spracheigenheiten des Italienischen
Merksatz
stellt den mündlichen Sprachgebrauch dem geschriebenen Italienisch gegenüber
Achtung, Stolpersteine!
Hier handelt es sich um eine Ausnahme!
Lerntipp
Kleine Hilfestellung
Grundregel
verweist auf zusammenhängende Grammatikthemen

## Abkürzungen

| | | | |
|---|---|---|---|
| *Adj.* | Adjektiv | *Kons.* | Konsonant |
| *Adv.* | Adverb | *m.* | maskulin/ Maskulinum |
| *dir.* | direkt | *Pers.* | Person |
| *f.* | feminin/ Femininum | *Pl.* | Plural |
| *Imp.* | Imperfekt | *Plusqu.* | Plusquamperfekt |
| *Ind.* | Indikativ | *Sing.* | Singular |
| *indir.* | indirekt | *Vok.* | Vokal |
| *Konj.* | Konjunktiv | | |

# Inhaltsverzeichnis

# Niveaustufentest A1

Tragen Sie für jede richtige Antwort einen Punkt in das Kästchen am Ende der Zeile ein und addieren Sie die Punkte zum Schluss. Im Anhang finden Sie die Auswertung und Empfehlungen zur Verbesserung.

**1 Der Artikel**
**Fügen Sie den bestimmten Artikel (Singular oder Plural) ein.**

a. .......... fratello di Giorgio è bravo in chimica. ☐

b. .......... zio di Katia fa il meccanico. ☐

c. Vado in piscina con .......... miei amici. ☐

☐

**2 Das Adjektiv**
**Ergänzen Sie die passenden Adjektivendungen.**

a. le situazioni stran...... ☐

b. le persone cordial...... ☐

c. il partito comunist...... ☐

☐

**3 Präsens Indikativ**
**Wie heißen die jeweiligen Verbformen im Präsens Indikativ? Ergänzen Sie.**

a. (io) scrivere .......................... ☐

b. (noi) fare .......................... ☐

c. (tu) finire .......................... ☐

☐

## ❹ Die Verneinung

**Ergänzen Sie non oder no.**

a. Hai sete o ........... ?

b. A Laura ..le.... regalo niente!

c. Oggi .......... ho proprio fame.

## ❺ Präpositionen und bestimmter Artikel

**Vervollständigen Sie die Sätze mit der angegebenen Präposition und dem passenden Artikel.**

a. Ho dimenticato l'ombrello (a) ..al....... ristorante.

b. Molti agrumi provengono (da) ........... Sicilia.

c. Hanno fatto le vacanze (con) ........... genitori.

## ❻ Das Personalpronomen

**Betonen Sie die Person durch das passende Subjektpronomen.**

a. ........... ascoltiamo la radio e tu?

b. ........... andate al cinema e loro a teatro

c. Mi scusi Signor Arditi, ........... è Italiano?

Gesamtpunktzahl

# Niveaustufentest A2

## 1 Das Substantiv
**Bilden Sie den Plural der Substantive.**

a. lo psicologo ........................

b. la nave ........................

c. la paura ........................

## 2 Das Adjektiv
**Ergänzen Sie die passende Adjektivendung.**

a. gli aerei nuov...... e veloc......

b. le segretarie brav...... e efficient......

c. l'attrice famos...... e interessant......

## 3 Pronomen
**Wählen Sie das passende Personalpronomen.**

a. Tra un'ora **vi** / **voi** aspetto davanti al cinema.

b. Non **te** / **ti** abbiamo chiesto niente.

c. Luigi ha sempre un ombrello con **sé** / **si**.

## 4 Das Adverb
**Setzen Sie ein passendes Adverb ein: lentamente, male, velocemente.**

a. Oggi non vado in ufficio: mi sento ........................ !

b. Il tempo passa ........................ per tutti.

c. Il treno si muove ........................ .

## 5 Modalverben
**Übersetzen Sie.**

a. Tania darf heute nicht ausgehen.

............................................................................... .

b. Du musst zum Arzt gehen.

............................................................................... .

c. Kann er auch Deutsch sprechen?

............................................................................... .

## 6 Imperfekt
**Ergänzen Sie mit dem Imperfekt von: raccontare, fare, bere.**

a. Lo scorso inverno (noi) ........................ lunghe passeggiate.

b. Mio nonno mi ........................ sempre delle favole.

c. In Italia (lo) ........................ sempre un limoncello dopo cena.

Gesamtpunktzahl

# Niveaustufentest B1

**1 Der relative Superlativ**
**Bilden Sie Sätze mit dem relativen Superlativ. Ergänzen Sie wo nötig die Artikel.**

a. Edith è / cuoca / brava / tutte le sue amiche.

.................................................................................. . ☐

b. Sicilia è / isola / grande / Mediterraneo.

.................................................................................. . ☐

c. Da qui si vede / panorama / bello / città.

.................................................................................. . ☐

☐

**2 Imperfekt oder Perfekt?**
**Ergänzen Sie die Sätze mit einem Verb in der passenden Zeitform.**

a. Da bambino **(lui, giocare)** .......................... agli indiani. ☐

b. Stamattina **(io, andare)** .......................... al mercato. ☐

c. Un anno fa **(noi, fare)** .......................... un viaggio. ☐

☐

**3 Indikativ oder Konjunktiv?**
**Wählen Sie die richtige Verbform.**

a. Mi dispiace che tu non **hai** / **abbia** superato l'esame. ☐

b. Secondo la nostra opinione l'albergo **è** / **sia** troppo caro. ☐

c. Pensi veramente che lei **deve** / **debba** venire? ☐

☐

❹ **Das Pronomen**
**Übersetzen Sie das in Klammern angegebene Pronomen.**

a. Vuoi (etwas) ........... da bere? ☐

b. (Jeder) ........... ha il suo posto a sedere. ☐

c. (Wer) ........... parla bene l'italiano, supera l'esame. ☐

☐

❺ **Das Passiv**
**Wandeln Sie die Sätze in das Präsens Passiv (mit essere) um.**

a. Molti turisti visitano Firenze.

........................................................................................ . ☐

b. Parecchi studenti stranieri frequentano queste trattorie.

........................................................................................ . ☐

c. La nostra associazione organizza il viaggio.

........................................................................................ . ☐

☐

❻ **Nebenordnende Konjunktionen**
**Ergänzen Sie die Sätze mit: tuttavia, cioè, invece.**

a. Ti aspetto alle sei, ........... tra un'ora precisa. ☐

b. L'offerta non è entusiasmante, ........... accetto. ☐

c. Silvio ama la musica rap, io ........... quella classica. ☐

☐

Gesamtpunktzahl ☐

# Niveaustufentest B2

**1 Plusquamperfekt**
**Ergänzen Sie das passende Verb im Plusquamperfekt Indikativ: partire, andare, scoppiare.**

a. Quando sono arrivato l'aereo .......................... .

b. Ieri ho incontrato degli amici che .......................... in Africa.

c. Dopo che la crisi .......................... tutti l'avevano prevista.

**2 Konditional II**
**Bilden Sie den Konditional II der Verben in Klammern.**

a. A me (piacere) .......................... andare in montagna.

b. Ti (chiamare) .......................... io, ma non potevo proprio.

c. Noi (aiutare) .......................... Luigi, ma lui non ha voluto.

**3 Zahlen, Mengen und Maße**
**Übersetzen Sie die Angaben in Klammern ins Italienische.**

a. Una (*etwa zwanzig*) .......................... di persone sta aspettando.

b. Bastano poche (*einige Tausende*) .......................... di euro.

c. Il corso dura un (*zwei Jahre*) .......................... .

## ❹ Unterordnende Konjunktionen

**Verbinden Sie die Satzteile, die zusammengehören.**

| | |
|---|---|
| a. Non vado a scuola | anche se il mare è molto mosso. |
| b. Voi fate il bagno | sebbene sia molto freddo. |
| c. Non mi metto il cappotto | perché sto male. |

## ❺ Die Zeitenfolge im Konjunktiv

**Welche Konjunktivform ist richtig (✓), welche falsch (✗)?**

a. ☐ Dubitavo che lui arrivasse in tempo.

b. ☐ Pensavi che sia sufficiente per essere felici?

c. ☐ Credevano che lei fosse partita ieri.

## ❻ Adjektive

**Bello oder buono?**

**Setzen Sie das jeweils passende Adjektiv ein.**

a. Quella ragazza ha un .......... viso regolare.

b. Marco non ha .......... maniere.

c. I Napoletani hanno uno .......... stadio.

**Gesamtpunktzahl**

# Tipps & Tricks: Grammatik lernen, fast kinderleicht

Beneiden Sie nicht auch manchmal Kinder, die eine Sprache so ganz einfach nebenbei lernen, ohne sich über lästige Grammatikregeln oder fehlerhafte Konstruktionen Gedanken zu machen? Ganz so sorglos können wir Ihnen die Grammatik nicht nahebringen, aber nichtsdestotrotz heißt Sprachenlernen und insbesondere Grammatiklernen nicht zwingend stures Auswendiglernen und langweiliges Regelpauken. Um Ihnen den Umgang mit Grammatik etwas zu erleichtern, verraten wir Ihnen hier einige praktische Tipps & Tricks zum Grammatiklernen.

### L! Das Gesetz der Regelmäßigkeit

Grammatik ist wie Sport. Wer nur einmal alle Jubeljahre trainiert, wird wohl kein Marathonläufer. Es ist sinnvoller, regelmäßig ein wenig als unregelmäßig viel zu lernen. Setzen Sie einen bestimmten Zeitpunkt fest, zu dem Sie sich ungestört der Fremdsprache widmen können, z. B. täglich eine Viertelstunde vor dem Einschlafen oder drei Mal wöchentlich in der Mittagspause. Wie immer Sie sich entscheiden: Lernen Sie kontinuierlich, denn nur so lässt sich Ihr Langzeitgedächtnis trainieren.

### L! Aufwärmen lohnt sich

Gelernten Stoff zu wiederholen ist wie leichtes Joggen: Laufen Sie sich warm mit Altbekanntem, bevor Sie sich an Neues wagen. Auch wenn ständig neue Grammatikregeln auf Sie zukommen, darf das bereits Erlernte nicht vernachlässigt werden.

### Das Salz in der Suppe

Versuchen Sie niemals zu viele Grammatikregeln auf einmal zu lernen. Man verliert schnell den Überblick und vergisst die Details. Verwenden Sie Grammatik wie das Salz in der Suppe. Ebenso wie man eine Suppe versalzen kann, kann man sich das Erlernen einer Fremdsprache erschweren, indem man versucht, sich zu viele Grammatikregeln auf einmal einzuprägen. Lernen Sie langsam, stetig und zielorientiert und verdauen Sie in kleinen Häppchen. Nur Geduld!

### Wer ist schon perfekt …

Immer locker bleiben! Lassen Sie sich nicht von Perfektionsgedanken leiten. Perfektion ist nicht das vordergründigste Ziel beim Erlernen einer Fremdsprache. Die Schönheit der Sprache sollte im Mittelpunkt stehen sowie das gute Gefühl, von seinem Gegenüber richtig verstanden zu werden.

### Fehleranalyse gegen Fettnäpfchen

Haben Sie keine Angst vor Fehlern! Es ist nicht das Ziel des Lernens, keine Fehler zu machen, sondern gemachte Fehler zu bemerken. Nur wer einen Fehler im Nachhinein erkennt, kann ihn beim nächsten Mal vermeiden. Das Be--herrschen grammatischer Grundregeln ist dabei durchaus hilfreich: zum einen, um einen Fehler und den vielleicht erstaunten oder verständnislosen Gesichtsausdruck des Gegenübers nachvollziehen zu können, und zum anderen, um nicht ein zweites Mal in dasselbe Fettnäpfchen zu treten.

### Begeben Sie sich nicht ins Abseits

Grammatik ist spannend, wenn man sich einen Einblick in ihre Strukturen verschafft. Vergleichen Sie Grammatik auch in diesem Sinne mit Sport. Jede Sportart wird erst dann so richtig interessant, wenn man in der Lage ist, ihre Regeln nachzuvollziehen. Oder würden Sie auch Fußball oder Tennis anschauen, wenn es für Sie nur ein sinnfreies „Dem-Ball-Nachlaufen“ darstellen würde? Betrachten Sie eine Fremdsprache als eine Sportart, deren komplizierte Spielregeln Sie allmählich erlernen, um mitspielen und mitreden zu können, damit Sie nicht im Abseits landen.

### L! Haben Sie einen Typ?

Finden Sie heraus, welcher Lerntyp Sie sind. Behalten Sie eine Regel schon im Gedächtnis, wenn Sie sie gehört haben *(Hörtyp)* oder müssen Sie sie gleichzeitig sehen *(Seh-, Lesetyp)* und dann aufschreiben *(Schreibtyp)*? Macht es Ihnen Spaß, Grammatikregeln in kleinen Rollenspielen auszuprobieren *(Handlungstyp)*? Die meisten Menschen tendieren zum einen oder anderen Lerntyp. Reine Typen kommen nur sehr selten vor. Sie sollten daher sowohl Ihren Typ ermitteln als auch Ihre Lerngewohnheiten Ihren Vorlieben anpassen. Halten Sie also Augen und Ohren offen und lernen Sie ruhig mit Händen und Füßen, wenn Sie der Typ dafür sind.

### L! Sags mit einem Post-it

Auf Post-its wurden schon Heiratsanträge gemacht oder Beziehungen beendet. Also ist es kein Wunder, dass man damit auch Grammatik lernen kann. Schreiben Sie sich einzelne Regeln (idealerweise mit Beispielen, s. u.) separat auf Blätter oder Post-its und hängen Sie sie dort hin, wo Sie sie täglich sehen können, z. B. ins Bad über den Spiegel, an den Computer, den Kühlschrank oder neben die Kaffeemaschine. So verinnerlichen Sie bestimmte Regeln ganz nebenbei. Denn das Auge lernt mit.

### Beispielsätze gegen Trockenfutter

Trockenfutter ist schwer verdaulich. Einzelne Grammatikregeln trocken aufzunehmen ebenso. Ergänzen Sie jede Regel mit Beispielsätzen. Wenn Ihnen die Beispiele, die Sie in den Lehrbüchern finden, nicht gefallen, formulieren Sie eigene!
Fortgeschrittene können in Originaltexten (Zeitungen, Büchern, Filmen, Songtexten) nach konkreten Anwendungsbeispielen suchen. So wird Grammatik leicht bekömmlich.

### Führen Sie Selbstgespräche

Wählen Sie besonders schwierige Grammatikphänomene aus, schreiben Sie dazu einzelne Beispielsätze auf und sprechen Sie diese laut vor sich hin z. B. unter der Dusche, beim Spazierengehen oder während langer Autofahrten. Reden Sie mit sich selbst in der Fremdsprache, so prägen Sie sich auch komplizierte Wendungen ganz schnell ein.

### Grammatik à la Karte

Wie beim Vokabellernen lässt sich auch für die Grammatik eine Art Karteikasten mit einzelnen Karten anlegen. Schreiben Sie eine Regel, eine Ausnahme oder ein Stichwort auf die eine Seite und Beispiele, Anwendungen oder Lösungen auf die andere. Schauen Sie sich die Karten regelmäßig an und sortieren Sie die, die Ihnen vertraut sind, allmählich aus.

### Meerblick durch Auswendiglernen

Lernen Sie auch mal eine Grammatikregel mit dazugehörigen Beispielsätzen auswendig. Wenn Sie sich den Beispielsatz selbst ausgedacht haben, wird er Ihnen leichter als ein fremder im Gedächtnis bleiben, und Sie werden die entsprechende Regel auch schneller anwenden können. Lernen Sie auch situationsgebundene Phrasen auswendig. Feste

Redewendungen mitsamt der jeweilig dahinterstehenden Grammatik parat zu haben, vereinfacht die Verständigung in den häufig wiederkehrenden Standardsituationen im Ausland. Denn wer will schon jedes Mal im Vorfeld das Kapitel Relativpronomen wiederholen, wenn er einfach nur ein Hotelzimmer buchen möchte, *das* Meerblick hat.

**L! Setzen Sie Ihrer Fantasie keine Grenzen**

Machen Sie sich im wahrsten Sinne ein Bild von der Situation, denn auch Bilder, die Sie im Kopf haben, dienen als Gedächtnisstützen. Versuchen Sie also, einen neuen grammatischen Begriff oder eine schwierige Regel mit einem einfachen Bild zu verknüpfen. Vor allem das Erlernen der Zeiten funktioniert besser, wenn Sie sich das, was die jeweilige Zeitform ausdrückt, visuell vorstellen. Diese Vorstellungen können abstrakt oder konkret sein. Je gefühlsintensiver ein Bild ist, desto einprägsamer ist der damit in Verbindung gebrachte grammatische Inhalt.

**L! Gretchenfrage: Und wie stehts mit der Muttersprache?**

Denken Sie über Ihre eigenen Sprechgewohnheiten nach und schauen Sie sich die Regeln Ihrer Muttersprache an. Die Gesetze der Fremdsprache sind viel einfacher nachvollzieh- und erlernbar, wenn man die Unterschiede zur eigenen Sprache kennt.

**L! E-Mail für Sie**

Um auch schriftlich von einander zu lernen, suchen Sie sich eine/n E-Mailpartner/in und schreiben Sie kurze fremdsprachige Mails. Treffen Sie die Vereinbarung, sich gegenseitig zu korrigieren. Sie werden sehen, es macht Spaß, sich über sprachliche Dinge auszutauschen und auf die Fehler des anderen, die vielleicht auch Ihre eigenen sind, aufmerksam zu machen.

### L! Wer liest, ist im Vorteil

Wagen Sie sich langsam an fremdsprachige Lektüre heran, sei es in vereinfachter Form mit Übersetzungshilfen, sei es in Form leichter Originaltexte und schauen Sie sich die grammatischen Feinheiten gesondert an. Es zählt nicht, wie viel Sie lesen, sondern dass Sie einzelne grammatische Strukturen nachvollziehen können.

### L! Haben Sie O-Töne?

Lernen Sie multimedial. Schauen Sie DVDs oder Kinofilme im Originalton und wenn möglich mit Originaluntertitel an, also z. B. einen italienischen Film mit italienischem Untertitel. Sie werden sehen, dass Sie durch das Mitlesen das Gesprochene wesentlich besser verstehen als ohne die Texthilfe. Halten Sie die DVD gelegentlich auch mal an und schreiben Sie sich interessante Wörter, Phrasen oder grammatische Strukturen auf. Ihren Fortschritt können Sie daran messen, je häufiger Ihnen Grammatikfehler von Seiten der Schauspieler auffallen.

### L! Learning by doing in freier Wildbahn

Zu guter Letzt, wenden Sie die Sprache an. Reisen Sie in Länder, in denen die Sprache gesprochen wird, genießen Sie es, mit Menschen in der Sprache zu sprechen, die Sie gerade lernen oder dann auch schon können und freuen Sie sich über die Anerkennung, die Sie dafür bekommen, und die Kontakte, die Sie dabei knüpfen können – weil Sprachen verbinden …

Viel Spaß beim Italienischlernen wünscht Ihnen
Ihre Langenscheidt-Redaktion

# 1 Der Artikel
# L’articolo

**1.1 Der bestimmte Artikel** –
L’articolo determinativo

**1.2 Der unbestimmte Artikel** –
L’articolo indeterminativo

**1.3 Der Teilungsartikel** –
L’articolo partitivo

„die Schwester / der Bruder“

{ *«la sorella / il fratello»* }

# A1 Der Artikel

## A1 1.1 Der bestimmte Artikel

**Formen**

ℹ Die Form des bestimmten Artikels ist vom Genus (grammatischen Geschlecht) und vom Anfangsbuchstaben des darauf folgenden Substantivs abhängig.

| | Maskulinum | | Femininum | |
|---|---|---|---|---|
| | **Sing.** | **Pl.** | **Sing.** | **Pl.** |
| **vor Kons.** | **il** libro<br>*das Buch* | **i** libri | **la** casa<br>*das Haus* | **le** case |
| **vor Vokal** | **l'**amico<br>*der Freund* | **gli** amici | **l'**amica<br>*die Freundin* | **le** amiche |
| **vor s + Kons., z, gn, ps, x, y** | **lo** studente<br>*der Student* | **gli** studenti | | |

ℹ Der bestimmte Artikel verschmilzt mit einigen Präpositionen zu einem Wort, ähnlich wie im Deutschen (z. B. *an* + *dem* → *am*):

| **+** | **il** | **lo** | **l'** | **la** | **i** | **gli** | **le** |
|---|---|---|---|---|---|---|---|
| **a** | al | allo | all' | alla | ai | agli | alle |
| **di** | del | dello | dell' | della | dei | degli | delle |
| **da** | dal | dallo | dall' | dalla | dai | dagli | dalle |
| **in** | nel | nello | nell' | nella | nei | negli | nelle |
| **su** | sul | sullo | sull' | sulla | sui | sugli | sulle |

Vado **al** cinema. *Ich gehe* ***ins*** *Kino.*
**Sul** tavolo ci sono le mie chiavi. ***Auf dem*** *Tisch sind meine Schlüssel.*

## Gebrauch

Der bestimmte Artikel verweist in der Regel auf etwas Bekanntes oder schon Genanntes:
**Il** libro di Umberto Eco è in cucina. ***Das** Buch von Umberto Eco (= ein ganz bestimmtes) ist in der Küche.*

Der bestimmte Artikel steht außerdem
- vor Titeln und Namen (außer in der direkten Anrede):
  **Il** signor Marchi compra un giornale. *Herr Marchi kauft eine Zeitung.*
- vor Bezeichnungen körperlicher oder sonstiger äußerer Merkmale:
  Pietro ha **i** capelli biondi. *Pietro hat blonde Haare.*
  Gina porta **gli** occhiali. *Gina trägt eine Brille.*
- bei der Angabe der Uhrzeit:
  Sono già **le** cinque! *Es ist schon fünf Uhr!*
- vor Possessivpronomen (▶ 6.2): A2
  **la** mia amica *meine Freundin*
- vor Kontinenten, Ländern, Regionen, Flüssen, Seen und Inseln: A2
  **l'**Europa *Europa*, **l'**Italia *Italien*, **la** Francia *Frankreich*, **la** Toscana *die Toskana*, **il** Po *der Po*, **il** Garda *der Gardasee*, **la** Sicilia *Sizilien*
  (aber: Werden diese geografischen Bezeichnungen in Kombination mit in oder di verwendet, entfällt der bestimmte Artikel:
  Vado in Italia. *Ich fahre nach Italien.*
  I vini d'Italia sono molto famosi. *Die Weine Italiens sind sehr berühmt.)*
- vor Tageszeiten oder Wochentagen, um gewohnheitsmäßige, regelmäßige Handlungen auszudrücken: A2
  **La** mattina mi sveglio presto. *Morgens wache ich früh auf.*

**Il lunedì vado al corso d'italiano.** *Montags gehe ich (immer) zum Italienischkurs.*
(Aber: Bei einmaligen Handlungen entfällt der Artikel vor Wochentagen:
Lunedì vado al cinema. *Am Montag gehe ich ins Kino.*)

A1

## 1.2 Der unbestimmte Artikel

### Formen

Der unbestimmte Artikel hat wie im Deutschen keine Pluralform (z. B. *ein Buch – Bücher*). Als Ersatzform kann der Teilungsartikel (▶ 1.3) stehen.

| | Maskulinum | Femininum |
|---|---|---|
| **vor Kons.** | **un** libro *ein Buch* | **una** casa *ein Haus* |
| **vor Vokal** | **un** amico *ein Freund* | **un'**amica *eine Freundin* |
| **vor s + Kons., z, gn, ps, x, y** | **uno** studente *ein Student* | |

### Gebrauch

Der unbestimmte Artikel entspricht im Gebrauch im Wesentlichen dem Deutschen. Er verweist auf etwas nicht näher Bestimmtes oder noch nicht Genanntes:
Leggo **un** libro. *Ich lese* ***ein*** *(= irgendein) Buch.*

Der unbestimmte Artikel wird *nicht* vor mezzo *ein/-e halbe/-r/-s* oder in Ausrufen und Appositionen (Beifügungen) verwendet:
A2 Ne prendo mezzo chilo. *Ich nehme (davon) ein halbes Kilo.*
B1 Che fortuna! *Was für ein Glück!*
B2 Marcello Mastroianni, famosissimo attore, …
*Marcello Mastroianni, ein sehr berühmter Schauspieler, …*

## 1.3 Der Teilungsartikel

A2

### Formen

Der Teilungsartikel entsteht durch die Verschmelzung von di mit den Formen des bestimmten Artikels (▶ 1.1).

| + | il | lo | l' | la | i | gli | le |
|---|---|---|---|---|---|---|---|
| **di** | del | dello | dell' | della | dei | degli | delle |

### Gebrauch

Der Teilungsartikel bezeichnet eine unbestimmte Menge und wird meist nicht übersetzt:
C'è **del** pane? *Ist (etwas) Brot da?*
Ho comprato **dei** pomodori e **delle** pere. *Ich habe Tomaten und Birnen gekauft.*

Der Teilungsartikel wird *nicht* in verneinten Sätzen, bei abstrakten Begriffen oder bei Mengenangaben verwendet:
Non c'è più pane. *Es ist kein Brot mehr da.*
C'è ancora speranza. *Es besteht noch Hoffnung.*
Ho comprato molti/tanti libri. *Ich habe viele Bücher gekauft.*
Ho comprato un chilo di mele. *Ich habe ein Kilo Äpfel gekauft.*

# Auf einen Blick

## Der bestimmte Artikel

### Formen

Der bestimmte Artikel für männliche Substantive lautet:

- im Singular **il (il signore)**, im Plural **i (i signori)**
- wenn diese mit Vokal anfangen: **l' (l'amico)**, im Plural **gli (gli amici)**
- vor **s** + Konsonant oder **x**, **y**, **z**: **lo (lo studente)**, im Plural **gli (gli studenti)**

Bei weiblichen Substantiven lautet der bestimmte Artikel im Singular **la (la pizza)** oder, sofern das Substantiv mit einem Vokal beginnt, **l' (l'amica)**, im Plural **le (le pizze)**.

G Männliche Substantive, die mit **pn**, **ps**, **pl**, **gn** anfangen, benötigen auch **lo (lo psicologo)** und beim Plural **gli**.

### Gebrauch

Betrachten wir folgenden Satz: **La mattina il signor Rossi incontra la sua amica.** *Herr Rossi trifft am Vormittag seine Freundin.* Man bemerkt sofort die Unterschiede zum Deutschen: Der bestimmte Artikel steht vor Namen **(il signor Rossi)**, vor Tageszeiten **(la mattina)** und ebenso vor Possessivpronomen (▶ 6.2) **(la sua amica)**.

## Der unbestimmte Artikel

### Formen

Die Formen sind:

- für weibliche Substantive **una** (**una** verkürzt sich zu **un'**, wenn das Substantiv mit Vokal beginnt)
- für männliche **un** oder **uno**, falls sie mit **s** + Konsonant, **x**, **y**, **z pn**, **ps**, **pl**, **gn** beginnen

**Gebrauch**

Der Gebrauch entspricht im Wesentlichen dem Deutschen.
⚡ Vor **mezzo** steht kein Artikel: **Vorrei mezzo chilo di funghi.** *Ich möchte ein halbes Kilo Pilze.*

## Der Teilungsartikel

Der Teilungsartikel ergibt sich durch die Verschmelzung der Präposition mit dem bestimmten Artikel, z. B. **di** + **il** = **del**, und **di** + **la** = **della**.

**Gebrauch**

Man verwendet den Teilungsartikel zur Angabe einer unbestimmten Menge. Im Deutschen bleibt er meist unübersetzt. **Vuoi del pane?** *Möchtest du Brot?*
ℹ Bei Angaben, die eine bestimmte Menge bezeichnen, wird das folgende Substantiv mit der Präposition **di** angeschlossen. **Un litro di latte.** *Ein Liter Milch.*

# 2 Das Substantiv Il sostantivo



**„die Mutter“**

{ *«la madre»* }

„der Vater“
{ «il padre» }
„das Kind“
{ «il bambino» }

# A1 Das Substantiv

## A1 2.1 Das Genus

Im Italienischen gibt es nur maskuline und feminine Substantive. Ein Neutrum existiert nicht. Es wird zwischen natürlichem Geschlecht (bei Personen und Tieren) und grammatischem Geschlecht (bei Sachen oder Gegenständen) unterschieden.

### Formen

Das Genus kann man in den meisten Fällen an der Endung erkennen. Substantive, die auf **-o** enden, sind in der Regel maskulin, Substantive auf **-a** sind meist feminin. Substantive auf **-e** können sowohl maskulin als auch feminin sein.

| Maskulinum | Femininum |
|---|---|
| il piatt**o** *der Teller* | la cas**a** *das Haus* |
| il paes**e** *das Land* | la stazion**e** *der Bahnhof* |

Ausnahmen:

- maskuline Substantive auf -ma: **il cinema** *das Kino*, A2 **il problema** *das Problem*
- feminine Substantive auf -o: **la mano** *die Hand*, **la radio** *das Radio*, **la foto(grafia)** *das Foto*
- Substantive auf -zione, -tà, -tù, -trice sind feminin: **la colazione** *das Frühstück*, **la città** *die Stadt*, A2 **la virtù** *die Tugend*, **la lavatrice** *die Waschmaschine*.
- Substantive auf -ista oder auf -a können sowohl maskulin als auch feminin sein, je nach natürlichem Geschlecht. Das Genus erkennt man in diesen Fällen nur am Artikel: **il farmacista** *der Apotheker* – **la farmacista** *die Apothekerin*, A2 **il collega** *der Kollege* – **la collega** *die Kollegin*.

Einige Substantive haben unterschiedliche Wortstämme in der maskulinen und der femininen Form:

| Maskulinum | Femininum |
|---|---|
| il padre *der Vater* | la madre *die Mutter* |
| il fratello *der Bruder* | la sorella *die Schwester* |
| il marito *der Ehemann* | la moglie *die Ehefrau* |

## 2.2 Der Plural

A1

### Formen

Maskuline Substantive auf -o bilden den Plural mit -i, feminine Substantive auf -a enden im Plural auf -e. Unabhängig vom Genus lautet die Pluralendung bei Substantiven auf -e stets -i.

| Maskulinum Sing. | Pl. | Femininum Sing. | Pl. |
|---|---|---|---|
| il piatt**o** *der Teller* | i piatt**i** | la cas**a** *das Haus* | le cas**e** |
| il paes**e** *das Land* | i paes**i** | la stazion**e** *der Bahnhof* | le stazion**i** |

Sonderformen:
il cinema *das Kino* → i cinem**a**, la mano *die Hand* → le man**i**, la radio *das Radio* → le radi**o**

Bei folgenden Substantiven ist die Aussprache bei der Pluralbildung entscheidend:

- Substantive auf -ca, -ga, -co, -go:
  Um die Aussprache zu erhalten, wird bei den Substantiven mit den Endungen -ca, -ga, -co, -go und mit betonter vorletzter Silbe im Plural ein -h- zwischen -c- bzw. -g- und Endungsvokal eingefügt:

l'amica *die Freundin* → le ami**che**, A2 la collega *die Kollegin* → le colle**ghe**, il tedesco *der Deutsche* → i tede**schi**, B1 il luogo *der Ort* → i luo**ghi**.

Ausnahmen: l'amico *der Freund* → gli ami**ci**, il greco *der Grieche* → i gre**ci**

Ist jedoch bei den maskulinen Substantiven auf -co und -go die drittletzte Silbe betont, bleibt die Schreibweise gleich:

il medico *der Arzt* → i medi**ci**, l'asparago *der Spargel* → gli aspara**gi**.

Ausnahmen: il carico *die Last* → i cari**chi**, il catalogo *der Katalog* → i catalo**ghi**

- Substantive auf -cia, -gia:

  Wird das -i- nicht betont bzw. geht den Endungen -cia und -gia ein Konsonant voraus, lautet der Plural -ce bzw. -ge:

  B1 l'arancia *die Orange* → le aran**ce**, A2 la spiaggia *der Strand* → le spiag**ge**.

  Wenn das -i- betont ist oder den Endungen -cia und -gia ein Vokal vorangeht, bleibt das -i- erhalten:

  A2 la camicia *das Hemd* → le cami**cie**, la valigia *der Koffer* → le vali**gie**.

- Substantive auf -io:

  Ist das -i- betont, lautet der Plural -ii:

  A2 lo zio *der Onkel* → gli z**ii**.

  Bei unbetontem -i- endet das Substantiv im Plural auf -i:

  A2 lo studio *das Studium* → gli stud**i**.

Es gibt eine Reihe *unregelmäßiger* Pluralformen: l'uomo *der Mann* → gli uom**ini**, B1 il dio *der Gott* → gli d**ei**.

Einige Substantive gibt es im Italienischen nur im Singular, im Deutschen stehen sie aber meist im Plural:
la gente *die Leute*, la roba *die Sachen, das Zeug*, B1 l'uva *die Trauben*.
Umgekehrt stehen andere Substantive im Italienischen immer im Plural, im Deutschen jedoch nicht:
B1 le forbici *die Schere*, i soldi *das Geld*, gli occhiali *die Brille*, i pantaloni *die Hose*.

Manche Substantive sind *unveränderlich* und haben identische Formen für Singular und Plural:

- Substantive, die auf einen Konsonanten enden (meist Fremdwörter): il film *der Film* → i fil**m**
- einsilbige Substantive: B2 il re *der König* → i **re**
- Abkürzungen: la foto(grafia) *das Foto* → le fot**o**
- Substantive auf -tà, -tù, -è: la cit**tà** *die Stadt* → le cit**tà**, B2 la virtù *die Tugend* → le vir**tù**, il caffè *der Kaffee* → i caff**è**
- Substantive auf -i: A2 la crisi *die Krise* → le cris**i**

Einige Substantive, die im Singular maskulin sind, haben im Plural eine feminine Form. Diese Pluralformen enden unregelmäßig auf -a: A2
l'uovo *das Ei* → le uov**a**, B1 il paio *das Paar* → le pai**a**, il braccio *der Arm* → le bracci**a**, B1 il labbro *die Lippe* → le labbr**a**.

# Auf einen Blick

## Das Substantiv

Normalerweise sind Substantive auf **-o** maskulin und auf **-a** feminin. Substantive auf **-e** können entweder maskulin oder feminin sein. Sonderformen sind z. B. **il cinema**, **la mano**.

Das Neutrum gibt es im Italienischen nicht.

Im Plural enden Substantive:

- auf **-o** oder **-e** unabhängig vom Genus meist auf **-i**
- auf **-a** in der Regel auf **-e**
- Substantive auf **-ca**, **-ga**, **-co**, **-go** und betonter vorletzter Silbe fügen ein **-h-** zwischen **-c-** und **-g-** ein: **il cuoco**, **i cuochi** *der Koch*, *die Köche*.

ⓘ Es gibt viele Sonderformen, vor allem bei den Körperteilen: **il ginocchio**, **le ginocchia** *das Knie*, *die Knie*.

„So ein faules Tier!“

{ *«Che animale pigro!»* }

# 3 Das Adjektiv L’aggettivo

# A1 Das Adjektiv

Adjektive werden verwendet, um Personen, Sachen und Begriffe näher zu beschreiben.

## A1 3.1 Das Genus

**Formen**

Im Italienischen gibt es zwei Gruppen von Adjektiven: Adjektive auf -o/-a, die zwischen Maskulinum (Endung -o) und Femininum (Endung -a) unterscheiden, und Adjektive auf -e, die nur eine Form für Maskulinum und Femininum haben.

| Maskulinum | Femininum |
|---|---|
| il naso piccol**o** *die kleine Nase* | la casa piccol**a** *das kleine Haus* |
| il naso grand**e** *die große Nase* | la casa grand**e** *das große Haus* |

A2 Daneben gibt es einige unveränderliche Adjektive. Dabei handelt es sich hauptsächlich um

- die Farbadjektive antracite *anthrazit*, blu *blau*, viola *violett*, beige *beige*, lilla *lila*, rosa *rosa*: i pantaloni **blu** *die blaue Hose*, la giacca **blu** *die blaue Jacke*
- zusammengesetzte Farbbezeichnungen wie verde chiaro *hellgrün*, verde scuro *dunkelgrün*: la gonna **rosso scuro** *der dunkelrote Rock*, i pantaloni **grigio chiaro** *die hellgraue Hose*
- Fremdwörter: un vestito molto **chic** *ein sehr schickes Kleid*

## A1 3.2 Der Plural

**Formen**

Die Adjektive folgen in der Pluralbildung denselben Regeln wie die entsprechenden Substantive (▶ 2.2).

| | Singular | Plural |
|---|---|---|
| **o → i** | il naso piccol**o** *die kleine Nase* | i nasi piccol**i** |
| **a → e** | la casa piccol**a** *das kleine Haus* | le case piccol**e** |
| **e → i** | il naso grand**e** *die große Nase* | i nasi grand**i** |
| **e → i** | la casa grand**e** *das große Haus* | le case grand**i** |

Ausnahme: Die Adjektive auf -go haben – anders als die Substantive – als maskuline Pluralform immer -ghi: lungo *lang* → lun**ghi**: i capelli lun**ghi** *die langen Haare*.

## 3.3 Die Angleichung des Adjektivs A1

Das Adjektiv richtet sich immer in Genus und Numerus nach dem dazugehörigen Substantiv: i ragazz**i** italian**i** *die italienischen Jungen* – le ragazz**e** italian**e** *die italienischen Mädchen*.
Dies gilt auch bei prädikativer Verwendung:
**Marietta è simpatica.** *Marietta ist sympathisch.*

Wenn ein Adjektiv sich auf mehrere Substantive mit unterschiedlichem Genus bezieht, wird die maskuline Pluralform verwendet: i ragazzi e le ragazze italiani *die italienischen Jungen und Mädchen*.

## 3.4 Die Stellung des Adjektivs A1

Adjektive können vor oder nach dem Substantiv stehen, die meisten stehen jedoch danach. Sie sind betont und haben dadurch unterscheidenden Charakter.

Folgende Adjektive stehen immer nach dem Substantiv: A2
- Adjektive, die die Nation, Religion, Politik, Form oder Farbe bezeichnen: un libro **italiano** *ein italienisches Buch*, il pullover **blu** *der blaue Pullover*, B1 il partito **comunista** *die kommunistische Partei*

- mehrsilbige Adjektive: una situazione **insopportabile** *eine unerträgliche Situation*
- Adjektive, die mit einem Adverb kombiniert werden: un film molto **bello** *ein sehr schöner Film*

B1
- Partizipien, die als Adjektive verwendet werden: un prezzo **conveniente** *ein angemessener Preis*

Das unbetonte Adjektiv steht dagegen zwischen Artikel und Substantiv und hat eine beschreibende Funktion: una **splendida** giornata *ein herrlicher Tag*, un **bravo** bambino *ein geschicktes Kind*.

A2

ⓘ Einige Adjektive verändern je nach Stellung ihre Bedeutung: Stehen sie *nach* dem Substantiv, behalten sie ihre Grundbedeutung bei; stehen sie *davor*, haben sie eine übertragene Bedeutung.

| | | |
|---|---|---|
| caro: | un vino **caro** | *ein **teurer** Wein* |
| | un **caro** amico | *ein **teurer (= lieber)** Freund* |
| certo: | una cosa **certa** | *eine **sichere** Sache* |
| | una **certa** cosa | *eine **gewisse** Sache* |
| grande: | un museo **grande** | *ein **großes** Museum* |
| | un **gran** museo | *ein **großartiges** Museum* |
| povero: | un uomo **povero** | *ein **armer (= mittelloser)** Mann* |
| | un **pover'**uomo | *ein **armer (= bemitleidenswerter)** Mann* |
| solo: | una persona **sola** | *eine **alleinstehende** Person* |
| | una **sola** persona | *eine **einzige** Person* |
| vecchio: | un amico **vecchio** | *ein **(den Jahren nach) alter** Freund* |
| | un **vecchio** amico | *ein **alter (= langjähriger)** Freund* |

Die Adjektive **buono** *gut* und **bello** *schön* verändern ihre Form je nach Stellung. B1

Stehen sie *nach* dem Substantiv bzw. allein, bleibt die Grundform erhalten:

Il vino è **buono.** *Der Wein ist gut.*

Questi libri sono **belli.** *Diese Bücher sind schön.*

Stehen sie jedoch *vor* dem Substantiv, passen sie sich – ähnlich wie die Artikel – in ihren Endungen an den Anfangsbuchstaben des Substantivs an.

Buono verhält sich im Singular wie der unbestimmte Artikel (▶ 1.2):

| | Maskulinum | Femininum |
|---|---|---|
| **vor Kons.** | un **buon** ristorante<br>*ein gutes Restaurant* | una **buona** storia<br>*eine gute Geschichte* |
| **vor Vok.** | un **buon** amico<br>*ein guter Freund* | una **buon'**amica<br>*eine gute Freundin* |
| **vor s + Kons., z, gn, ps, x, y** | un **buono** spumante<br>*ein guter Sekt* | |

Bello verhält sich vor einem Substantiv wie der bestimmte Artikel (▶ 1.1) bzw. wie quello (▶ 6.3):

| | Maskulinum<br>Singular | Plural |
|---|---|---|
| **vor Kons.** | un **bel** posto *ein schöner Ort* | dei **bei** posti |
| **vor Vok.** | un **bell'**uomo *ein schöner Mann* | dei **begli** uomini |
| **vor s + Kons., z, gn, ps, x, y** | un **bello** specchio<br>*ein schöner Spiegel* | dei **begli** specchi |

Die feminine Form kann im Singular vor Vokal zu bell' apostrophiert werden: una bella/**bell'**amica *eine schöne Freundin.*

# Auf einen Blick

## Das Adjektiv

Adjektive richten sich in Geschlecht und Zahl nach dem Substantiv, auf das sie sich beziehen.

- Adjektive auf **-o** haben eine weibliche Form auf **-a** (**un amico simpatico** *ein netter Freund*, aber **un'amica simpatica** *eine nette Freundin*). Im Plural wird **-o** zu **-i** (**un vino italiano, due vini italiani**, *ein italienischer Wein*, *zwei italienische Weine*) und **-a** zu **-e** (**una birra fredda, due birre fredde**).
- Adjektive auf **-e** haben für beide Geschlechter nur eine Form und enden im Plural auf **-i** (**un libro interessante, una signora interessante**, *ein interessantes Buch*, *eine interessante Frau*).

ⓘ Einige Farbadjektive und Fremdwörter haben im Maskulinum und im Femininum die gleiche Form, die auch im Plural unverändert bleibt (**una gonna blu**, *ein blauer Rock*).

Ⓖ Bezieht sich ein Adjektiv auf männliche und weibliche Bezugswörter, wird die männliche Form verwendet (**Maria e Franco sono italiani.**).

### Die Stellung

Im Italienischen steht das Adjektiv normalerweise nach dem Substantiv. Es kann vorangestellt werden, wenn:

- manche Adjektive vor dem Substantiv eine andere Bedeutung erhalten: **una persona grande** bezeichnet *eine große Person*, **una grande persona** hingegen *eine berühmte Person*.
- ein Adjektiv zur Unterstreichung dient: **dei piccoli fiorellini**. **Fiorellini** ist schon eine Diminutivform und **piccoli** verstärkt die Bedeutung.

# 4 Das Adverb
# L’avverbio

**„In fünf Tagen bin ich endlich gesund, und dann stehe ich wieder im Tor!“**

{ *«Fra cinque giorni sarò finalmente guarito, e poi ritornerò in porta!»* }

B2

# Das Adverb

Das Adverb bestimmt ein Verb, ein Adjektiv oder ein anderes Adverb näher. Es ist wie im Deutschen unveränderlich.

## Formen

Neben den ursprünglichen Adverbien (z. B. qui *hier*, subito *sofort*) gibt es im Italienischen auch vom Adjektiv abgeleitete Adverbien. Diese werden gebildet, indem an das Femininum Singular des Adjektivs die Endung -mente angehängt wird:

| f. Adjektiv | | Adverb |
|---|---|---|
| strana | → | strana**mente** *seltsam* |
| tranquilla | → | tranquilla**mente** *ruhig* |
| corrente | → | corrente**mente** *fließend* |

Ausnahmen: Bei den Adjektiven auf -le und -re entfällt der Endvokal -e vor -mente:
facile → facil**mente** *leicht*
particolare → particolar**mente** *besonders.*

Einige Adjektive bilden das Adverb unregelmäßig:
buono → **bene** *gut*, cattivo → **male** *schlecht.*

## Gebrauch

Die Zahladjektive molto *viel*, poco *wenig* und troppo *zu viel* werden im Maskulinum Singular auch als Adverbien verwendet. Als Adverb bedeutet molto *sehr*, poco *nicht sehr, wenig* und troppo *zu (sehr)*.
Questa camicia è **troppo** cara, ma mi piace **molto.**
*Dieses Hemd ist **zu** teuer, aber es gefällt mir **sehr**.*

## Stellung

ℹ Die Stellung des Adverbs hängt im Wesentlichen vom Adverbtyp ab:

- Adverbien der Art und Weise stehen meist nach dem Verb:
  Sto **bene/male.** *Es geht mir gut/schlecht.*
  Il test è **particolarmente** difficile. *Der Test ist besonders schwierig.*
- Die Adverbien des Ortes stehen in der Regel am Satzanfang oder -ende: A2
  **Qui** sto bene. *Hier geht es mir gut.*
  L'ascensore è **lì.** *Der Aufzug ist dort.*
- Die Adverbien der bestimmten Zeit stehen meist am Satzanfang oder -ende, die der unbestimmten Zeit nach dem Verb: A2
  **Stasera** ho molto da fare. *Heute Abend habe ich viel zu tun.*
  Ci vediamo **domani.** *Wir sehen uns morgen.*
  Marco lavora **sempre** troppo. *Marco arbeitet immer zu viel.*
  ⚡ Già *schon* und ancora *noch* stehen bei den zusammengesetzten Zeiten zwischen Hilfsverb und Partizip:
  I Rossi sono **già** arrivati. *Die Rossis sind schon angekommen.*
- Adverbien der Mengenangabe stehen in der Regel nach dem Verb: A2
  Ho lavorato **tanto.** *Ich habe viel gearbeitet.*

# Auf einen Blick

## Das Adverb

Ein Adverb dient dazu, ein Verb, ein Adjektiv oder einen ganzen Satz zu bestimmen.

**Formen**

Das Adverb wird gebildet bei Adjektiven

- auf -o, indem man an die weibliche Form Singular des Adjektivs die Endung -mente anhängt: sicuro → sicura**mente**
- auf -e, indem man -mente anhängt: veloce → veloce**mente**
- auf -le, -re entfällt der Vokal e: facile → facil**mente**

ℹ Adverbien stehen meist nach dem Verb. Già *schon* und ancora *noch* stehen zwischen Hilfsverb und Partizip.

# 5 Der Vergleich
# La comparazione

**„Er ist größer als du."**
{ *«È più grande di te!»* }

B1
# Der Vergleich

Der Vergleich wird in der Regel mit dem Komparativ und dem Superlativ ausgedrückt.

B1
## 5.1 Der Komparativ

**Formen**

Der regelmäßige Komparativ wird im Italienischen mit più bzw. meno und dem Adjektiv bzw. Adverb gebildet:

- Der Komparativ der Überlegenheit:

| | |
|---|---|
| più + Adj. + di/che | **più bello di/che** *schöner als* |
| più + Adv. + di/che | **più tardi di/che** *später als* |

- Der Komparativ der Unterlegenheit:

| | |
|---|---|
| meno + Adj. + di/che | **meno bello di/che** *weniger schön als* |
| meno + Adv. + di/che | **meno tardi di/che** *weniger spät als* |

Das Vergleichsobjekt wird im Italienischen mit di bzw. che angeschlossen:

- Werden zwei Substantive oder Pronomen miteinander verglichen, verwendet man di:
  Pia è **più intelligente di** Marco. *Pia ist **intelligenter als** Marco.*
- Werden zwei Adjektive, präpositionale Ausdrücke, Adverbien oder Verben verglichen, verwendet man che:
  Marco è **più furbo che** intelligente. *Marco ist **eher schlau als** intelligent.*
  In Germania fa **meno caldo che** in Italia. *In Italien ist es **wärmer als** in Deutschland.*
  **Meglio tardi che** mai. ***Besser spät als** nie.*

- Der Komparativ der Gleichheit:

| | |
|---|---|
| (così) + Adj./Adv. + come | Marco è **(così) simpatico come** Gianna.<br>*Marco ist **genauso sympathisch wie** Gianna.* |
| (tanto) + Adj./Adv. + quanto | La mia macchina è **(tanto) cara quanto** la tua.<br>*Mein Auto ist **genauso teuer wie** deins.* |

ℹ Così bzw. tanto können auch entfallen.

## 5.2 Der Superlativ

B1

**Formen**

Das Italienische unterscheidet zwischen dem relativen und dem absoluten Superlativ.

- Der *relative Superlativ* wird mit dem bestimmten Artikel, mit più und dem Adjektiv bzw. Adverb gebildet; più und Adjektiv können vor oder nach dem Substantiv stehen:
  **il più bel** libro/il libro **più bello** *das **schönste** Buch.*
  Anna parte **il più tardi** di tutti. *Anna fährt **am spätesten** von allen los.*
- Der *absolute Superlativ* wird mit der Endung -issimo – bei abgeleiteten Adverbien mit der Endung -issimamente – gebildet, die an den Stamm angehängt wird. Stattdessen ist auch die Umschreibung mit molto + Adjektiv/Adverb möglich und beim Adverb sogar gebräuchlicher: B2
  Bologna è una città **bellissima/molto bella.** *Bologna ist eine **wunderschöne** Stadt.*
  Anna è partita **tardissimo/molto tardi**. *Anna ist **sehr spät** losgefahren.*
  Imparo **facilissimamente.** *Ich lerne **sehr leicht**.*

B1

## 5.3 Die unregelmäßige Steigerung

Einige Adjektive haben neben ihren regelmäßigen Steigerungsformen auch unregelmäßige Formen:

| Grundform | Komparativ | rel. Superlativ | abs. Superlativ |
|---|---|---|---|
| buono | migliore | il migliore | ottimo |
| *gut* | *besser* | *der beste* | *sehr gut* |
| cattivo | peggiore | il peggiore | pessimo |
| *schlecht* | *schlechter* | *der schlechteste* | *sehr schlecht* |
| grande | maggiore* | il maggiore* | massimo* |
| *groß* | *größer, älter* | *der größte, älteste* | *größte, höchste* |
| piccolo | minore* | il minore* | minimo* |
| *klein* | *kleiner, jünger* | *der kleinste, jüngste* | *mindeste, geringste* |

* Diese unregelmäßigen Formen haben meist eine übertragene Bedeutung, während die regelmäßigen Formen in der Grundbedeutung verwendet werden.

Il vino è **ottimo/buonissimo**. *Der Wein ist **sehr gut**.*

B2

Auch einige unregelmäßige Adverbien bilden den Komparativ – wie die dazugehörigen Adjektive – unregelmäßig. Den Superlativ bilden sie nach den Regeln der Adjektive: An den Stamm des Adverbs wird -issimo angehängt.

| Grundform | Komparativ | Superlativ |
|---|---|---|
| bene *gut* | meglio *besser* | benissimo *sehr gut* |
| male *schlecht* | peggio *schlechter* | malissimo *sehr schlecht* |
| molto *viel/sehr* | più *mehr* | moltissimo *sehr viel* |
| poco *wenig* | meno *weniger* | pochissimo *sehr wenig* |

Sto **meglio/peggio**. *Es geht mir **besser/schlechter**.*

Ho mangiato **benissimo**. *Ich habe **sehr gut** gegessen.*

# Auf einen Blick

## Der Vergleich

Der Vergleich wird mit dem Komparativ, dem ersten Steigerungsgrad des Adjektivs oder des Adverbs sowie dem Superlativ, dem höchsten Grad, ausgedrückt.
Der Komparativ hat drei Formen:

- der Überlegenheit: **più** + Adj./Adv. + **di/che**
- der Unterlegenheit: **meno** + Adj./Adv. + **di/che**
- der Gleichheit: **(così)** + Adj./Adv. + **come**

ⓘ **Di** wird bei Substantiven oder Pronomen, **che** bei Adjektiven oder Verben benutzt.
Der Superlativ hat zwei Formen:

- relativer Superlativ: Artikel + **più** + Adj./Adv.
- absoluter Superlativ: wird bei Adjektiven mit der Endung **-issimo** und bei Adverbien mit **-issimamente** gebildet: **Il caffé è buonissimo.**

ⓘ Viele Ausnahmen: **buono → migliore → ottimo**, etc.

# 6 Das Pronomen
# Il pronome

„Wo ist denn der Muffin?
Ich sehe ihn nicht mehr …“

{ *«Il muffin dov'è?
Non lo vedo più …»* }

# A2 Das Pronomen

## A2 6.1 Das Personalpronomen

**Formen**

| A1 Subjektpronomen | dir. Objektpronomen unbetont | dir. Objektpronomen betont | indir. Objektpronomen unbetont | indir. Objektpronomen betont | A1 Reflexivpronomen |
|---|---|---|---|---|---|
| io *ich* | mi | me | mi | a me | mi |
| tu *du* | ti | te | ti | a te | ti |
| lui/lei/Lei *er/sie/Sie* | lo/la/La | lui/lei/Lei | gli/le/Le | a lui/lei/Lei | si |
| noi *wir* | ci | noi | ci | a noi | ci |
| voi/Voi *ihr/Sie* | vi/Vi | voi | vi/Vi | a voi/Voi | vi |
| loro/Loro *sie/Sie* | li/le | loro | gli/loro/Loro | a loro/Loro | si |

Das unbetonte direkte Objektpronomen in der 3. Person wird im Singular vor Vokal und **h** zu **l'** bzw. **L'** apostrophiert: **L'ho vista ieri.** *Ich habe sie gestern gesehen.*

Bei der Höflichkeitsform unterscheidet das Italienische unabhängig vom Genus zwischen Singular (**Lei**) und Plural (**Voi** bzw. **Loro**). **Loro** wird als sehr formell empfunden und im täglichen Gebrauch weitgehend durch **Voi** ersetzt.

**Gebrauch**

A1
- Das *Subjekt*pronomen
  Das Subjektpronomen ersetzt ein bereits bekanntes oder vorher genanntes Subjekt. Im Gegensatz zum Deutschen werden die Subjektpronomen im Italienischen nur bei starker Betonung (z. B. bei einem Gegensatz) verwendet:
  **Io vado a casa.** ***Ich** gehe nach Hause (was du machst, weiß ich nicht).*

Mehr zum Gebrauch der Subjektpronomen finden Sie im Kapitel über den Konjunktiv (▶ 9.1).

- Das *Objekt*pronomen A2

Im Italienischen unterscheidet man zwischen den unbetonten Formen, die im Normalfall verwendet werden, und den betonten Formen, die bei besonderem Akzent Anwendung finden.

Das *direkte* Objektpronomen ersetzt ein Substantiv, das die Frage „Wen oder was?“ beantworten würde: das Akkusativobjekt/direkte Objekt.
Das unbetonte Pronomen steht vor dem Verb, das betonte danach oder am Satzende:
**La** vedo spesso. *Ich sehe* ***sie*** *oft.*
Vedo spesso **lei**. ***Sie*** *sehe ich oft (ihn nicht).*
Die betonten Formen werden außerdem nach Präpositionen, nach come *wie*, quanto *wie*, secondo *nach Meinung von* und in Ausrufen verwendet:
Vieni al cinema **con noi**? *Kommst du mit uns ins Kino?*
Ho cercato una donna **come te**. *Ich habe eine Frau wie dich gesucht.*
**Secondo me** è giusto. *Meiner Meinung nach ist es richtig.*
Beata **te**! *Du Glückliche!*

In den zusammengesetzten Zeiten wird die Partizipendung an das direkte Objektpronomen angeglichen:
**L'**ho incontrat**a** ieri. *Ich habe sie (f. Sing.) gestern getroffen.*
**Li** ho incontrat**i** ieri. *Ich habe sie (m. Pl.) gestern getroffen.*
**Le** ho incontrat**e** ieri. *Ich habe sie (f. Pl.) gestern getroffen.*
Lo kann auch es bedeuten:
Non **lo** so. *Ich weiß es nicht.*

Das *indirekte* Objektpronomen ersetzt ein Substantiv, das auf die Frage „Wem?“ stehen würde: das Dativobjekt/indirekte Objekt.
Das unbetonte Pronomen steht vor dem Verb, das betonte am Satzanfang oder -ende:
**Mi** fai un favore? *Tust du mir einen Gefallen?*
**A noi** non pensi mai. *An uns denkst du nie.*

Anstelle von loro wird im gesprochenen Italienisch auch oft gli verwendet. Die Stellung ist jedoch unterschiedlich: Gli steht vor dem Verb und ist vom Maskulinum Singular nur aus dem Kontext zu unterscheiden, loro steht hingegen nach dem Verb:
**Gli** hai dato il tuo indirizzo?/Hai dato **loro** il tuo indirizzo? *Hast du* ***ihnen (ihm)*** *deine Adresse gegeben?*

A1

- Das *Reflexiv*pronomen

  Außer in der 3. Person Singular wird bei den Reflexivpronomen nicht zwischen betonten und unbetonten Formen unterschieden. Die betonte Form sé wird hauptsächlich nach Präpositionen verwendet:
  Pensa solo a **sé** stesso. *Er denkt nur an sich selbst.*

  Das Reflexivpronomen wird wie im Deutschen in Zusammenhang mit den reflexiven Verben verwendet. Es steht in der Regel vor dem konjugierten Verb:
  **Mi** alzo la mattina presto. *Ich stehe morgens früh auf.*
  **Ti** lavi? *Wäschst du dich?*

  Beim Gebrauch mit einem Modalverb steht das Reflexivpronomen vor diesem oder wird direkt an den Infinitiv (ohne die Endung -e) angehängt:
  Domani **mi** voglio alzare/voglio alzar**mi** presto.
  *Morgen will ich früh aufstehen.*

Weitere Informationen zu den reflexiven Verben finden Sie im Kapitel über das Verb (▶ 7.4 ).

### Stellung

B1

Folgende Besonderheit ist bei der Stellung unbetonter Personalpronomen zu beachten: Sie werden direkt angehängt

- an den Imperativ, mit Ausnahme der 3. Person Singular und Plural (▶ 10); bei den verkürzten Imperativen wie da' wird der Anfangsbuchstabe des Pronomens verdoppelt:
  Da**mmi** la mano! *Gib mir die Hand!*
  Dite**ci** la verità! *Sagt uns die Wahrheit!*
  Facciamo**lo**! *Machen wir es!*
- an den verneinten Imperativ oder an den Infinitiv ohne den Endvokal -e (▶ 10):
  Non dir**lo**!/Non **lo** dire! *Sag es nicht!*
  Devo parlar**ti**./**Ti** devo parlare. *Ich muss mit dir reden.*
- an das Gerund (▶ 13): B2
  Chiudendo**lo** bene, l'acqua non esce. *Wenn man es gut verschließt, läuft das Wasser nicht heraus.*

### Die Pronominaladverbien „ci" und „ne"

B1

Die Pronominaladverbien ci und ne ersetzen präpositionale Ausdrücke. Sie stehen in der Regel vor dem Verb.

Das Pronominaladverb ci ersetzt

- einen präpositionalen Ausdruck mit a in der Bedeutung von *daran, darum, darauf*:
  **Ci** penso io. ***Darum*** *kümmere ich mich.*
  **Ci** vai tu? *Gehst du **hin**?*
  Non **ci** credo. ***Daran*** *glaube ich nicht.*

- eine Ortsangabe mit da, in, su, per und bedeutet *dort, dorthin*:
  Sei già stato in Italia? – Sì, **ci** sono già stato due volte.
  *Bist du schon in Italien gewesen? – Ja, ich bin **dort** schon zweimal gewesen.*
  Sei andato dal dentista? – No, **ci** vado domani.
  *Bist du zum Zahnarzt gegangen? – Nein, ich gehe morgen **dorthin**.*

Folgende Verben haben in Kombination mit ci eine besondere Bedeutung:

| | |
|---|---|
| entrare *betreten*: | entrarci *damit zu tun haben*<br>Che **c'**entro io? *Was habe ich damit zu tun?* |
| essere *sein*: | esserci *vorhanden/da sein*<br>**C'**è ancora del latte? *Ist noch Milch da?* |
| volere *wollen*: | volerci *nötig sein, brauchen*<br>**Ci** vogliono due ore. *Man braucht zwei Stunden.* |
| stare *stehen*: | starci *mitmachen*<br>**Ci** state? *Macht ihr mit?* |

Das Pronominaladverb ne steht
- für einen präpositionalen Ausdruck mit di oder da und bedeutet *dazu, damit* usw.:
  Che dici di questa idea? – Che **ne** dico? **Ne** sono molto contento. *Was sagst du zu dieser Idee? – Was ich **dazu** sage? Ich bin **damit** sehr zufrieden.*
- bei Mengenangaben in der Bedeutung von *davon* (im Deutschen wird es meist nicht übersetzt). In den zusammengesetzten Zeiten muss das Partizip an das durch ne ersetzte Wort angeglichen werden:

**Quante mele hai comprato?** *Wie viele Äpfel hast du gekauft?*
**Ne ho comprate tre.** *Ich habe drei (davon) gekauft.*
**Ne ho comprata una.** *Ich habe einen gekauft.*

- als Ortsangabe für einen Ausdruck mit der Präposition da, es hat dann die Bedeutung *von dort*:
  **Sei stato a Roma? – Ne sono appena tornato.**
  *Warst du in Rom? – Ich bin gerade* ***von dort*** *zurückgekehrt.*

Bei den Pronominaladverbien ci und ne sind die gleichen Besonderheiten bei der Stellung zu beachten wie bei den unbetonten Personalpronomen:
**Vacci!** *Geh dorthin!* **Parlatene!** *Sprecht darüber!*
**Devo andarci./Ci devo andare.** *Ich muss dorthin gehen.*
B2 **Pensandoci bene, non mi va di uscire.** *Wenn ich genau darüber nachdenke, habe ich keine Lust auszugehen.*

### Kombinierte Formen unbetonter Personalpronomen

B1

Das unbetonte indirekte Objektpronomen, das Reflexivpronomen sowie das Pronominaladverb ci verschmelzen mit dem unbetonten direkten Objektpronomen der 3. Person und dem Pronominaladverb ne zu folgenden Formen:

| + | lo | la | li | le | ne |
|---|---|---|---|---|---|
| **mi** | me lo | me la | me li | me le | me ne |
| **ti** | te lo | te la | te li | te le | te ne |
| **gli/le/Le** | glielo | gliela | glieli | gliele | gliene |
| **ci** | ce lo | ce la | ce li | ce le | ce ne |
| **vi** | ve lo | ve la | ve li | ve le | ve ne |
| **loro** | lo … loro | la … loro | li … loro | le … loro | ne … loro |
| **gli** | glielo | gliela | glieli | gliele | gliene |
| **si** | se lo | se la | se li | se le | se ne |
| **ci** | ce lo | ce la | ce li | ce le | – |

Das indirekte Objektpronomen geht dem direkten voraus (nicht bei loro) und wird bis auf die 3. Person vom folgenden Pronomen getrennt geschrieben. Die Kombinationsformen stehen direkt vor dem Verb. Das Partizip wird an das direkte Objektpronomen angeglichen:
**Te lo** do subito. *Ich gebe **es dir** sofort.*
**Te li** ho già dati. *Ich habe **sie dir** schon gegeben.*
L'ho detto **loro.**/**Gliel**'ho detto. *Ich habe **es ihnen** gesagt.*

Handelt es sich bei si um das unpersönliche si *man* (▶ 7.5), steht zuerst das unbetonte Objektpronomen:
**Lo si** vede. *Man sieht es.*

Bei den kombinierten Formen sind die gleichen Besonderheiten bei der Stellung zu beachten wie bei den unbetonten Personalpronomen (▶ 6.1): Da**mmelo**! *Gib **es mir**!*

A2

## 6.2 Das Possessivpronomen

Man unterscheidet im Italienischen zwischen dem Possessiv*adjektiv*, das vor einem Substantiv steht, und dem Possessiv*pronomen*, das ein Substantiv vertritt.

### Formen

| **Singular** | | **Plural** | |
|---|---|---|---|
| **m.** | **f.** | **m.** | **f.** |
| mio *mein* | mia | mi**ei** | mie |
| tuo *dein* | tua | tu**oi** | tue |
| suo *sein, ihr* | sua | su**oi** | sue |
| Suo *Ihr* | Sua | Su**oi** | Sue |
| nostro *unser* | nostra | nostri | nostre |
| vostro/Vostro *euer/Ihr* | vostra/Vostra | vostri/Vostri | vostre/Vostre |
| loro/Loro *ihr/Ihr* (unveränderlich) | | | |

ⓘ Im Italienischen gibt es nur eine Form für *sein* und *ihr*. Die Formen von suo richten sich also nur nach dem Genus des Bezugswortes. In der Höflichkeitsform wird jedoch wie bei allen anderen Pronomen zwischen einer Person oder mehreren unterschieden: Suo (eine Person) bzw. Vostro (mehrere Personen). Loro wird immer seltener und nur in einem sehr formellen Rahmen verwendet.

**Gebrauch**

Die Possessivpronomen bezeichnen ein Besitzverhältnis. Bei adjektivischem Gebrauch werden sie (außer loro) wie die Adjektive auf -o/-a an ihr Bezugswort (= Besitz) angeglichen und stehen meist nach dem bestimmten Artikel:
Ha chiamato **la tua** amica Silvia. *Deine Freundin Silvia hat angerufen.*
**La loro** casa mi piace molto. *Ihr Haus gefällt mir sehr.*

Der bestimmte Artikel fehlt hingegen

- bei Anreden:
  Mia cara! *Meine Liebe!*
- bei Verwandtschaftsbezeichnungen im Singular:
  mio padre *mein Vater*, mia sorella *meine Schwester* (aber: Im Plural, im Singular mit Adjektiven oder bei Kosenamen sowie bei loro steht immer der Artikel: **le mie** sorelle *meine Schwestern*, **la mia** mammina *meine Mutti*, **la mia** sorella maggiore *meine ältere Schwester*, **la loro** madre *ihre Mutter*.)
- in bestimmten Wendungen:
  a casa mia *bei mir zu Hause*, da parte mia *von mir/meinerseits*

Als eigentliche Possessivpronomen stehen die Formen ohne Substantiv:
Questa macchina? È (la) **mia**. *Dieses Auto? Es ist meins.*

## B1 6.3 Das Demonstrativpronomen

Im Italienischen unterscheidet man zwischen dem Demonstrativ*adjektiv*, das ein Substantiv begleitet, und dem Demonstrativ*pronomen*, das ein Substantiv ersetzt.

**Formen**

| Maskulinum<br>Sing. | <br>Pl. | Femininum<br>Sing. | <br>Pl. |
|---|---|---|---|
| A1 questo *dieser (hier)* | questi | questa | queste |
| quello *dieser dort* | quelli | quella | quelle |
| stesso *derselbe* | stessi | stessa | stesse |
| ciò *dies* (unveränderlich) | | | |

Bei adjektivischem Gebrauch kann questo/questa vor Vokal auch apostrophiert werden: **quest'**albero *dieser Baum*, **quest'**arancia *diese Orange*.

Für quello als Pronomen gelten die Formen in der Tabelle oben. Bei adjektivischem Gebrauch passt es sich wie der bestimmte Artikel (▶ 1.1) an den Anfangsbuchstaben des Substantivs an:

| | Maskulinum<br>Sing. | <br>Pl. | Femininum<br>Sing. | <br>Pl. |
|---|---|---|---|---|
| **vor Kons.** | **quel** libro | **quei** libri | **quella** camera | **quelle** camere |
| **vor Vokal** | **quell'**amico | **quegli** amici | **quell'**amica | **quelle** amiche |
| **vor s + Kons., z, gn, ps, x, y** | **quello** studente | **quegli** studenti | | |

## Gebrauch

Im Italienischen wird strenger als im Deutschen zwischen Nähe und Distanz zum Sprechenden unterschieden.

A1

- Questo weist auf Personen oder Sachen hin, die sich in unmittelbarer räumlicher oder zeitlicher Nähe des Sprechenden befinden. Es kann adjektivisch oder als Pronomen gebraucht werden:
  Ti piace **questa** camicia? *Gefällt dir **dieses** Hemd?*
  **Quest**'anno ho passato le vacanze in Inghilterra.
  ***Dieses** Jahr habe ich die Ferien in England verbracht.*
  **Questi** sono i miei amici. ***Das** sind meine Freunde.*

- Quello wird verwendet, um auf Personen oder Sachen hinzuweisen, die sich in räumlicher oder zeitlicher Distanz zu beiden Gesprächspartnern befinden. Es kann ebenfalls als Adjektiv oder Pronomen verwendet werden:
  Vedi **quel** tipo? *Siehst du **diesen** Typen **dort**?*
  Vorrei provare **quei** pantaloni. *Ich möchte **diese** Hose **dort** anprobieren.*
  Quali? **Quelli** rossi? *Welche? Die rote **dort**?*

- Ciò hat die neutrale Bedeutung *dies*, *das*. Es kann für questo oder quello stehen:
  Fate **ciò** (= quello) che volete. *Macht (**das**), was ihr wollt.*
  **Ciò** (= questo) è strano. ***Das** ist seltsam.*

- Stesso kann sowohl als Adjektiv als auch als Pronomen verwendet werden:
  Abbiamo gli **stessi** amici. *Wir haben dieselben Freunde.*
  Dice sempre lo **stesso**. *Er/Sie sagt immer dasselbe.*
  Folgt es auf das Bezugswort, bedeutet es *selbst*:
  io ste**sso/-a** *ich selbst*, i genitori **stessi** *die Eltern selbst.*
  ⚡ Als Adverb bedeutet lo stesso *trotzdem*:
  Vengo **lo stesso**. *Ich komme trotzdem.*

B1

## 6.4 Das Relativpronomen

Das Relativpronomen leitet einen Nebensatz ein, der nähere Informationen zum Bezugswort des Pronomens enthält.

**Formen und Gebrauch**

- Das Relativpronomen che ist unveränderlich; es kann als Subjekt oder als Objekt im Relativsatz verwendet werden:
  Questo è l'autore **che** ha vinto il Premio Strega. *Dies ist der Autor,* ***der*** *den Premio Strega gewonnen hat.*
  I libri **che** mi ha comprato mia madre mi piacciono. *Die Bücher,* ***die*** *mir meine Mutter gekauft hat, gefallen mir.*
  Wird che von il begleitet, bedeutet es *was*:
  Ho sentito del tuo successo, **il che** mi ha fatto molto piacere. *Ich habe von deinem Erfolg gehört,* ***was*** *mich sehr gefreut hat.*

- Wird ein Relativsatz mit einer Präposition eingeleitet, verwendet man das unveränderliche Pronomen cui:
  Ho letto il libro **di cui** mi hai parlato. *Ich habe das Buch gelesen,* ***von dem*** *du mir erzählt hast.*
  Wird cui ohne Präposition gebraucht, hat es die Bedeutung *dessen, deren*. Es steht dann zwischen Artikel und Substantiv:
  Lo scrittore, il **cui** libro mi è piaciuto moltissimo, ha vinto un premio. *Der Schriftsteller,* ***dessen*** *Buch mir sehr gefallen hat, hat einen Preis gewonnen.*

- Das Relativpronomen quale steht immer mit dem bestimmten Artikel. Es passt sich in Numerus und Genus an sein Bezugswort an:

| **Maskulinum** | | **Femininum** | |
|---|---|---|---|
| **Sing.** | **Pl.** | **Sing.** | **Pl.** |
| il qual**e** | i qual**i** | la qual**e** | le qual**i** |

Vor allem in der Schriftsprache ersetzt es che bzw. eine Präposition + cui. Bei einigen Präpositionen werden die Kombinationsformen mit dem Artikel (▶ 1.1) verwendet.
Ecco il libro **del quale (= di cui)** ti ho parlato. *Hier ist das Buch,* ***von dem*** *ich dir erzählt habe.*
La casa **nella quale (= in cui)** vivo si trova in periferia. *Das Haus,* ***in dem*** *ich lebe, befindet sich am Stadtrand.*

## 6.5 Das Indefinitpronomen

A2

Im Italienischen unterscheidet man zwischen dem Indefinit*adjektiv* und dem Indefinit*pronomen*. Das Indefinit*pronomen* ersetzt Personen oder Sachen, die nicht näher bestimmt werden können oder sollen. Das Indefinitadjektiv ergänzt ein nachfolgendes Substantiv.

**Formen**
Die wichtigsten Indefinitpronomen und -adjektive im Überblick:

- Indefinitadjektive:

| | |
|---|---|
| alcuno/-a | *irgendein/-e* |
| qualche | *irgendein, einige* |
| ogni | *jeder, alle* |
| B1 qualsiasi, qualunque | *jeder (beliebige)* |

- Indefinitpronomen:

| | |
|---|---|
| B1 uno/-a | *irgendjemand, eine/-r* |
| qualcuno/-a | *irgendjemand, irgendeine/-r* |
| qualcosa, qualche cosa | *irgendetwas* |
| ognuno/-a | *jede/-r* |
| B2 chiunque | *jeder (beliebige)* |
| niente, nulla | *nichts* |

- Indefinitadjektive oder -pronomen:

| | |
|---|---|
| alcuni/-e | *einige* |
| altro/-a/-i/-e | *ein/-e andere/-r* |
| B1 ciascuno/-a | *jede/-r* |
| tutto/-a/-i/-e | *jede/-r, ganz, alle* |
| nessuno/-a | *niemand, kein(er)* |
| poco/-a/-i/-e | *wenig/-e* |
| molto/-a/-i/-e | *viel/-e* |
| tanto/-a/-i/-e | *sehr viel/-e* |
| B1 parecchio/-a/-i/-e | *ziemlich viel/-e* |
| troppo/-a/-i/-e | *zu viel/-e* |

**Gebrauch**

- Alcuno/-a wird im Singular nur als Adjektiv verwendet und steht lediglich bei der Verneinung oder bei negativen Ausdrücken: senza **alcuna** ragione *ohne irgendeinen/ jeglichen Grund.*

- B1 Uno/-a, qualche cosa, qualcosa und qualcuno werden nur als Pronomen verwendet und sind mit Ausnahme von uno/-a unveränderlich:
  B1 Ha chiamato **uno/qualcuno.** *Es hat jemand/einer angerufen.*
  Vuoi bere **qualcosa**? *Willst du etwas trinken?*

- Alcuni/-e passt sich, wenn es nicht pronominal gebraucht wird, an sein Bezugswort an.
  Qualche ist unveränderlich und verlangt immer ein Bezugswort im Singular: **alcune** volte/**qualche** volta *manchmal.*
  **Alcuni** ci credono. *Einige glauben daran.*

- Wenn altro/-a bei einem Bezugswort steht, wird es an dieses angeglichen: l'**altra** casa *das andere Haus.*
  Ohne bestimmten Artikel bedeutet altro meist *weiterer, noch ein*:
  Vuole un'**altra** birra? *Wollen Sie noch ein Bier?*
  Desidera **altro**? *Wünschen Sie noch etwas?*

ℹ Weitere Wendungen mit altro: senz'**altro** *ohne Weiteres*, l'**altro** giorno *neulich*, l'**altro** ieri *vorgestern*, tra l'**altro** *unter anderem*, B2 tutt'**altro** *im Gegenteil*

Folgende Indefinitadjektive stehen immer mit Bezugswort (meist im Singular) und sind unveränderlich:

- ogni: **ogni** giorno (= tutti i giorni) *jeden Tag*, **ogni** volta *jedes Mal*
  (aber: **ogni** due giorni *jeden zweiten Tag*)
- B1 qualsiasi und qualunque:
  Puoi chiamare a **qualsiasi** ora/**qualunque** ora.
  *Du kannst jederzeit (zu jeder beliebigen Uhrzeit) anrufen.*

Nur als Pronomen werden verwendet:

- ognuno/-a:
  **Ognuno** lo sa. *Jeder weiß es.*
- B2 chiunque:
  **Chiunque** farebbe lo stesso. *Jeder (x-beliebige) würde dasselbe tun.*

Sowohl adjektivisch als auch pronominal werden verwendet:

- B1 ciascuno/-a: Als Adjektiv wird es wie der unbestimmte Artikel (▶ 1.2) angeglichen, als Pronomen ist es gleichbedeutend mit ognuno *jeder*:
  Ha invitato **ciascun**'amica. *Er/Sie hat jede Freundin eingeladen.*
  A **ciascuno** il suo. *Jedem das Seine.*

- Im Singular bedeutet tutto *ganz*. Als Adjektiv steht es immer vor dem bestimmten Artikel und wird angeglichen. Steht tutto alleine, bedeutet es *alles*: **tutto** il giorno *den ganzen Tag*.
  So **tutto.** *Ich weiß alles.*
  Im Plural hat tutti/-e die Bedeutung *alle/jeder*. Im Gegensatz zu ogni wird es bei adjektivischem Gebrauch immer vom bestimmten Artikel begleitet, der zwischen tutti/-e und dem Bezugswort steht. Als Pronomen steht es allein: **tutti** i giorni *alle Tage, jeden Tag*, **tutti** e due *alle beide.*
  **Tutti** mi guardavano. *Alle sahen mich an.*

- Nessuno/-a gibt es nur im Singular. Als Adjektiv verhält es sich wie der unbestimmte Artikel (▶ 1.2). Es kann auch als Pronomen verwendet werden. In der Regel folgt nessuno auf das Verb, das zusätzlich verneint werden muss (▶ 17):
  Non ha **nessun** amico. *Er/Sie hat keinen (einzigen) Freund.*
  Non è venuto **nessuno.** *Es ist niemand gekommen.*

- Niente ist gleichbedeutend mit nulla. Beide sind unveränderlich und werden nur pronominal verwendet.
  ⚡ Auch hier steht die doppelte Verneinung (▶ 17):
  Non posso fare **niente/nulla.** *Ich kann nichts tun.*
  ⇄ In der Umgangssprache wird niente in Ausrufen und verkürzten Sätzen auch mit Substantiven verwendet:
  **Niente** paura! *Keine Angst!*

- Poco, molto, tanto, B1 parecchio und troppo können auch als Pronomen verwendet werden:
  **Molti** volevano venire. *Es wollten viele kommen.*

## 6.6 Das Interrogativpronomen

A1

Mit folgenden Interrogativpronomen wird nach Personen und Sachen gefragt:

| | |
|---|---|
| chi | *wer, wen* |
| che cosa, che, cosa | *was* |
| che | *welcher, welche, welches* |
| A2 quale | *welcher, welche, welches* |

- Chi ist unveränderlich und wird nur für Personen verwendet. Es steht auch mit Präpositionen (di chi *wessen, über wen*, a chi *wem*), aber immer ohne Bezugswort:
  **Chi** viene? *Wer kommt?*
  **Chi** chiami? *Wen rufst du an?*
  Di **chi** parlano? *Über wen reden sie?*

- Che cosa, che und cosa sind gleichbedeutend und fragen allgemein nach Sachen. Sie sind unveränderlich:
  **Che cosa** volete? *Was wollt ihr?*
  **Che** fai? *Was machst du?*
  Cosa (vor Vokal oder h oft zu cos' verkürzt) und che werden nur in der gesprochenen Sprache verwendet.

- Che wird in der Bedeutung von *welcher* immer von einem Substantiv begleitet. Es ist ebenfalls unveränderlich:
  **Che** lavoro fai? *Welchen Beruf hast du?*
  A **che** pagina? *Auf welcher Seite?*

A2 • **Quale** bezieht sich auf Personen und Dinge und kann als Adjektiv oder auch als Pronomen verwendet werden. Es wird im Numerus angeglichen:

| Singular | Plural |
|---|---|
| qual**e** vestito *welches Kleid* | qual**i** vestiti |
| qual**e** camicia *welches Hemd* | qual**i** camicie |

Qual**e** gonna scegli? *Welchen Rock wählst du?*
Qual**i** sono le tue scarpe? *Welche sind deine Schuhe?*

Mit den folgenden Interrogativpronomen fragt man nach dem Grund, dem Ort, der Zeit, der Menge oder der Art und Weise:

| | |
|---|---|
| perché *warum*: | **Perché** non venite? *Warum kommt ihr nicht?* |
| dove *wo(hin)*: | **Dove** sono le mie chiavi? *Wo sind meine Schlüssel?* **Di dove** sei?/**Da dove** vieni? *Woher kommst du?* |
| quando *wann*: | **Quando** vieni? *Wann kommst du?* **Da quando** abitate qui? *Seit wann wohnt ihr hier?* |
| a che ora *um wie viel Uhr*: | **A che ora** parte? *Um wie viel Uhr fährt er/sie los?* |
| quanto *wie lange, wie viel*: | **Quanto** (tempo) rimanete in Italia? *Wie lange bleibt ihr in Italien?* **Quanti** siete? *Wie viele seid ihr?* |
| come *wie*: | **Come** stai? *Wie geht es dir?* |

In der gesprochenen Sprache wird anstelle von perché oft auch come mai verwendet: **Come mai** non vieni anche tu? *Warum kommst nicht auch du?*

Fragt man mit quanto nach der Menge, wird das Fragewort an das Bezugswort angeglichen:
Quant**o** costa? *Wie viel kostet es?*
Quant**i** anni hai? *Wie alt bist du?*

# Auf einen Blick

## Das Pronomen

### Das Personalpronomen

- Die **Subjektpronomen** io, tu, lui/lei, noi, voi, loro stehen in der Regel nicht beim Verb: Sono di Roma. *Ich bin aus Rom.* Bei besonderer Betonung und in Gegenüberstellungen werden sie hingegen gebraucht: **Tu** sei italiano, vero? ℹ Die Höflichkeitsform im Singular ist lei und im Plural voi.
- Die **Objektpronomen** ersetzen ein direktes Objekt (Antwort auf die Frage „wen?" oder „was?") und richten sich in Geschlecht und Zahl nach der Sache oder der Person, auf die sie sich beziehen. Im Italienischen gibt es:
  - unbetonte Pronomen, die im Normalfall verwendet werden und die in der Regel vor dem konjugierten Verb stehen. Sie lauten: mi, ti, lo, la, ci, vi, le. Prendi un caffè? Sì, **lo** prendo. *Nimmst du einen Café? Ja, ich nehme ihn.*
  - betonte Pronomen, die benutzt werden, wenn die entsprechende Person besonders hervorgehoben werden soll oder nach einer Präposition. Sie stehen nach dem Verb. Sie lauten: me, te, lui/lei, noi, voi, loro. Chiamo spesso **lei**. *Ich rufe sie oft an (ihn nicht).*
- Die **indirekten Objektpronomen** ersetzen ein indirektes Objekt (Antwort auf die Frage "wem?"). Es gibt:
  - unbetonte Pronomen: mi, ti, gli, le, ci, vi, le. **Mi** piace questa canzone. *Mir gefällt dieses Lied.*
  - betonte Pronomen: a me, a te, a lui, a lei, a noi, a voi, a loro. **A me** non piace questo film, **a lui** sì. *Mir gefällt dieser Film nicht, ihm schon.*

Die Pronominaladverbien **ci** und **ne** ersetzen präpositionale Ausdrücke mit **a** oder **di** oder **da**.
**Ci** ersetzt auch eine Ortsangabe:
**Vai dal dottore? Sì, ci vado.**

**Das Possessivpronomen**

Possessivpronomen verhalten sich wie Adjektive. Sie heißen: **mio**, **tuo**, **suo**, **nostro**, **vostro**, **loro**.

ℹ Es gibt nur eine Form für *sein* und *ihr*.

⚡ Vor Possessivpronomen steht ein Artikel, außer vor Verwandtschaftsbezeichnungen im Singular (mit Ausnahme von **loro**).

**Die Demonstrativpronomen**

**Questo** bezeichnet bestimmte Gegenstände oder Personen in der Nähe und **quello** Gegenstände oder Personen, die räumlich oder zeitlich entfernt sind.

**Das Relativpronomen**

Die Pronomen **che** und **cui** leiten Relativsätze ein. Sie sind unveränderlich und können für Personen und Sachen im Singular oder Plural stehen. **Che** wird als Subjekt oder direktes Objekt gebraucht und **cui** steht nach Präpositionen.

ℹ In der Schriftsprache benutzt man gerne **il quale**, vor allem in Kombination mit Präpositionen.

**Das Interrogativpronomen**

Mit folgenden Interrogativpronomen fragt man:

- nach Personen: **chi**
- nach Sachen: **che cosa**
- nach dem Grund: **perché**
- nach dem Ort: **dove, di dove, da dove**
- nach der Zeit: **quando, da quando**

# 7 Das Verb
# Il verbo



**„Ich kann noch nicht denken.“**

{ *«Non riesco ancora a pensare.»* }

A1
# Das Verb

A1
## 7.1 Die Konjugationen

Die Verben werden im Italienischen nach ihrer Infinitivendung in drei Konjugationen unterteilt: Verben auf -are, -ere und -ire.

| -are | -ere | -ire |
|---|---|---|
| chiam**are** *rufen* | prend**ere** *nehmen* | dorm**ire** *schlafen* |

Bei einigen Verben auf -ire wird im Präsens der Verbstamm im Singular sowie in der 3. Person Plural um die Silbe -isc- erweitert (▶ 8.1).

Besonderheiten bei den Verben auf -are:

- Verben auf -care, -gare: Um die Aussprache zu erhalten, muss im Präsens in der 2. Person Singular und in der 1. Person Plural, im Futur I sowie im Konditional I in allen Formen ein h eingefügt werden:
  cercare *(ver)suchen*: (io) cerco, aber: (tu) cerc**h**i, (voi) cerc**h**erete,
  pagare *(be)zahlen*: (io) pago, aber: (io) pag**h**erei, (tu) pag**h**eresti.
- Verben auf -ciare, -giare: Es entfällt ein i vor der Endung, wenn diese mit i oder e beginnt:
  cominciare *anfangen*: (io) cominc**io**, (tu) cominc**i**, (noi) cominc**iamo**,
  mangiare *essen*: (io) mang**io**, (tu) mang**i**, (noi) mang**iamo**.
  Vor der Endung -i gilt dies auch für einige weitere Verben auf -iare, wie z. B. studiare *lernen*: (tu) stud**i**.

Bei den Verben auf -cere, -gere wird die Schreibweise beibehalten, lediglich die Aussprache ist zu beachten: leggere *lesen*: (io) leggo, (tu) leggi, (lui/lei) legge.

## 7.2 Die Verben „avere“ und „essere“

A2

Die Verben avere *haben* und essere *sein* werden auch als Hilfsverben zur Bildung der zusammengesetzten Zeiten verwendet. Bei der Verwendung von essere wird das Partizip an das Subjekt angeglichen.

| | |
|---|---|
| avere + Partizip Perfekt: | **ho** comprato *ich habe gekauft* |
| essere + Partizip Perfekt: | B2 **erano** partiti/-e *sie sind weggefahren* |

Mit essere gebildete Verben:

- Verben der Bewegung und des Zustands:
  **Sono** andata al cinema. *Ich bin ins Kino gegangen.*
  **Sarà** rimasta a casa. *Sie wird zu Hause geblieben sein.*
- reflexive Verben:
  Ti **sei** lavato le mani? *Hast du dir die Hände gewaschen?*
- unpersönliche Ausdrücke:
  La Sicilia vi **è** piaciuta? *Hat euch Sizilien gefallen?*
  **È** nevicato. *Es hat geschneit.*
  In der Umgangssprache können die Ausdrücke des Wetters das Perfekt auch mit avere bilden (ha piovuto); dasselbe gilt für die Angabe der Dauer:
  **Ha** piovuto tutto il giorno. *Es hat den ganzen Tag geregnet.*
- Modalverben bei einem Verb, das essere als Hilfsverb verlangt:
  Non **sono** potuto/-a venire. *Ich konnte nicht kommen.*
- im Unterschied zum Deutschen die Verben durare *dauern*, costare *kosten*, bastare *genügen*, servire *nützen*:
  Il film **è** durato quasi tre ore. *Der Film hat fast drei Stunden gedauert.*
  I soldi ti **sono** bastati? *Hat dir das Geld gereicht?*
  Il libro ti **è** servito? *Hat dir das Buch (etwas) genützt?*

- Verben im Passiv:
  Il cantante **sarà** stato ammirato da tutti. *Der Sänger wird von allen bewundert worden sein.*
- Verben in der si-Konstruktion:
  Si **è** costruito un ponte. *Man hat eine Brücke gebaut.*

Mit avere gebildete Verben:
- alle transitiven Verben (= Verben mit direktem Objekt):
  Laura **ha** scritto una lettera. *Laura hat einen Brief geschrieben.*
- Verben der Bewegung, die weder Ausgangspunkt noch Ziel angeben, sondern die Bewegungsart bezeichnen:
  viaggiare *reisen*, passeggiare *spazieren gehen*, nuotare *schwimmen*, B1 sciare *Ski fahren*, B1 camminare *wandern*, B1 correre *laufen:*
  **Abbiamo** passeggiato. *Wir sind spazieren gegangen.*

⚡ Manche Verben können die zusammengesetzten Zeiten mit essere oder avere bilden. Tritt zum Verb ein direktes Objekt oder eine Infinitivergänzung, wird avere als Hilfsverb gebraucht, andernfalls verwendet man essere.

- cominciare und finire:
  **Ho** cominciato (a leggere) un bel libro.
  *Ich habe ein schönes Buch (zu lesen) begonnen.*
  Sbrigati, il film **è** già cominciato.
  *Beeil dich, der Film hat schon angefangen.*
- passare:
  **Avranno** passato delle vacanze bellissime.
  *Sie werden wunderschöne Ferien verbracht haben.*
  **Saranno** passati per Roma.
  *Sie werden an Rom vorbeigefahren sein.*

## 7.3 Das Modalverb

A1

Die Verben dovere *müssen*, potere *können*, sapere *wissen/können*, volere *wollen* können auch als Modalverben vor einem Infinitiv stehen. Sie drücken dann aus, ob eine Handlung notwendig, möglich oder gewollt ist.
**Dobbiamo** partire presto. *Wir müssen früh losfahren.*
Non **posso** venire. *Ich kann nicht kommen.*
**Sapete** nuotare bene. *Ihr könnt gut schwimmen.*

Die zusammengesetzten Zeiten bilden die Modalverben meist mit avere:
Non **ho** potuto venire. *Ich habe nicht kommen können.*

Steht das Modalverb vor einem mit essere konjugierten Verb, kann sowohl avere als auch essere gebraucht werden:
Non **sono** potuto venire. *Ich habe nicht kommen können.*

Steht das Modalverb bei einem reflexiven Verb, kommt es bei der Bildung der zusammengesetzten Zeiten auf die Wortstellung an:

- Man verwendet essere, wenn das Reflexivpronomen vor dem Modalverb steht:
  **Mi sono** dovuto lavare. *Ich musste mich waschen.*
- Man verwendet avere, wenn das Reflexivpronomen an den Infinitiv angehängt wird:
  **Ho** dovuto lavar**mi**. *Ich musste mich waschen.*

## 7.4 Das reflexive Verb

A1

Reflexive Verben werden mithilfe der Reflexivpronomen gebildet (▶ 6.1). In den zusammengesetzten Zeiten wird das Hilfsverb essere verwendet. Das Reflexivpronomen steht in der Regel vor dem konjugierten Verb.

| **einfache Zeiten**<br>**lavarsi** *sich waschen* | A2 **zusammengesetzte Zeiten** |
|---|---|
| **mi** lavo | **mi** sono lavato/-a |
| **ti** lavi | **ti** sei lavato/-a |
| **si** lava | **si** è lavato/-a |
| **ci** laviamo | **ci** siamo lavati/-e |
| **vi** lavate | **vi** siete lavati/-e |
| **si** lavano | **si** sono lavati/-e |

B1 Das Reflexivpronomen wird direkt an das Gerund und den *bejahten* Imperativ der 1. Person Singular sowie der 1. und 2. Person Plural angehängt: Lava**ti**! Laviamo**ci**! Lavate**vi**!

ℹ Im *verneinten* Imperativ kann das Reflexivpronomen in diesen Personen vorangestellt oder angehängt werden: Non **ti** lavare/lavar**ti**!
Auch im Gebrauch mit einem Modalverb steht das Reflexivpronomen entweder vor diesem oder es wird direkt an den Infinitiv (ohne die Endung -e) angehängt:
**Mi** voglio alzare./Voglio alzar**mi**. *Ich will aufstehen.*

## A2 7.5 Das unpersönliche Verb

Unpersönliche Verben werden in der 3. Person Singular verwendet, z. B. succede/capita *es geschieht*, bisogna *es ist nötig*, ci vuole *man braucht*, basta *es genügt*, A1 mi piace *es gefällt mir*, sembra/pare *es scheint* usw. Sie bilden die zusammengesetzten Zeiten meist mit essere.

Unpersönliche Ausdrücke mit essere und fare:

è necessario *es ist nötig*, è facile *es ist leicht*, è meglio *es ist besser*, fa caldo *es ist heiß*, fa bel tempo *es ist schönes Wetter*, B2 si fa buio *es wird dunkel*

Das deutsche *es gibt/hat* wird im Italienischen mit **ci** + **essere** ausgedrückt: **C'è molto traffico.** *Es gibt/ist viel Verkehr.*

**Das unpersönliche „si"**

Das deutsche *man* wird im Italienischen oft mithilfe einer **si**-Konstruktion wiedergegeben. Steht **si** vor einem intransitiven oder intransitiv gebrauchten Verb, steht das Verb in der 3. Person Singular:

**Qui si mangia bene.** *Hier isst man gut.*

**A Bari il sabato sera si va in pizzeria.** *In Bari geht man am Samstagabend in die Pizzeria.*

Bei den zusammengesetzten Zeiten wird immer das Hilfsverb **essere** verwendet. Das Partizip Perfekt bleibt bei den Verben, die normalerweise das Hilfsverb **avere** haben, unverändert. Bei den Verben, die auch sonst **essere** verlangen (▶ 7.2), steht das Partizip jedoch im Maskulinum Plural, während das Hilfsverb im Singular bleibt:

**Si è mangiato bene.** *Man hat gut gegessen.*

**Ieri si è andati al cinema.** *Gestern ging man ins Kino.*

Prädikativ verwendete Adjektive bei **essere** stehen ebenfalls immer im Maskulinum Plural, während das Verb im Singular bleibt:

**Quando si è stanchi, ...** *Wenn man müde ist, ...*

Weitere Möglichkeiten, *man* im Italienischen wiederzugeben:

| | |
|---|---|
| • B1 **uno** + Verb in 3. Pers. Sing.: | **Qui uno mangia bene.** *Hier isst man gut.* |
| • Verb in 2. Pers. Sing.: | **Qui mangi bene.** *Hier isst du (= man) gut.* |
| • Verb in 3. Pers. Pl.: | **Dicono ...** *Man sagt ...* |

# Auf einen Blick

## Das Verb

Die italienischen Verben werden in drei Konjugationen unterteilt, entsprechend der Endung ihres Infinitivs auf -are, -ere und -ire.
Die Verben essere *sein* und avere *haben* werden auch als Hilfsverben verwendet. Wenn ein Verb zur Bildung des Perfekts im Deutschen das Hilfsverb *haben* verwendet, so benötigt es meistens auch im Italienischen avere.
Perfekt mit avere:

- alle Verben, die ein direktes Objekt haben können (transitive Verben): **Ho** mangiato una pizza. *Ich habe eine Pizza gegessen.*
- Verben, die eine Bewegungsart bezeichnen: **Ho** nuotato. *Ich bin geschwommen.* ⚡ Hier ist es anders als im Deutschen.

Perfekt mit essere:

- alle Verben der Bewegung: **Sono** andata a casa. *Ich bin nach Hause gegangen.*
- alle reflexiven Verben: Mi **sono** fatto la barba. *Ich habe mich rasiert.* Das Pronomen steht vor dem Verb.

⚡ Einige Verben, die im Deutschen nicht reflexiv sind, haben im Italienischen reflexive Formen: alzarsi *aufstehen*, svegliarsi *aufwachen*, chiamarsi *heißen*.

- Verben in der si-Konstruktion: Si **è** mangiato bene. *Man hat gut gegessen.*
- Modalverben bei einem Verb, das essere benötigt: **Sono** dovuto andare dal dottore. *Ich musste zum Arzt gehen.*
- unpersönliche Ausdrücke: **È** nevicato. *Es hat geschneit.*

Im Unterschied zum Deutschen: durare, costare, bastare, servire, piacere.

Manche Verben (cominciare, finire, cambiare) können als Hilfsverb sowohl avere als auch essere haben, je nachdem ob ein direktes Objekt benutzt wird.
Als transitives Verb braucht cominciare avere:
**Ho** cominciato a studiare l'italiano. *Ich habe angefangen, Italienisch zu lernen*; als intransitives Verb braucht es allerdings essere: La lezione **è** già cominciata. *Der Unterricht hat schon angefangen.*

**Das Modalverb**
Die Modalverben können nicht allein stehen, ihnen folgt stets ein Hauptverb im Infinitiv.
Die Modalverben sind:
- volere *wollen*, drückt einen Wunsch aus
- dovere *müssen/sollen*, drückt eine Notwendigkeit aus
- potere *können*, drückt eine Möglichkeit oder eine Erlaubnis aus
- sapere *wissen/können*, drückt die Fähigkeit, etwas zu tun, aus

**Das unpersönliche Verb**
Es wird in der 3. Person Singular oder Plural verwendet.
Mi piace la musica italiana. *Mir gefällt die italienische Musik.*

Si im unpersönlichen Gebrauch entspricht etwa dem deutschen „man". Allerdings muss das Verb im Plural stehen, wenn ein Objekt im Plural folgt: Mi **piacciono** le canzoni italiane.

# 8 Der Indikativ L’indicativo

**„Er hört immer die neueste Musik.“**

{ *«Ascolta sempre la musica del momento.»* }

# A1 Der Indikativ

ⓘ Mit dem Modus Indikativ (Wirklichkeitsform) werden Tatsachen in der Gegenwart (Präsens), in der Vergangenheit (Imperfekt, Perfekt, historisches Perfekt, Plusquamperfekt) oder in der Zukunft (Futur I, Futur II) geschildert.

## A1 8.1 Das Präsens

**Formen**

Zur Bildung des Präsens (il presente) werden an den Verbstamm (Verb ohne die Endung -are/-ere/-ire) die Personalendungen angehängt. Die Gruppe der Verben auf -ire teilt sich im Präsens nochmals in zwei verschiedene Untergruppen auf, da bei einem Teil dieser Verben im Singular sowie in der 3. Person Plural die Silbe -isc- zwischen Verbstamm und Endung eingefügt wird. Die regelmäßige Konjugation lautet:

| **-are** | **-ere** | **-ire** | |
|---|---|---|---|
| **chiamare** | **prendere** | **dormire** | **capire** |
| *(an)rufen* | *nehmen* | *schlafen* | *verstehen* |
| chiam**o** | prend**o** | dorm**o** | cap**isco** |
| chiam**i** | prend**i** | dorm**i** | cap**isci** |
| chiam**a** | prend**e** | dorm**e** | cap**isce** |
| chiam**iamo** | prend**iamo** | dorm**iamo** | cap**iamo** |
| chiam**ate** | prend**ete** | dorm**ite** | cap**ite** |
| chiam**ano** | prend**ono** | dorm**ono** | cap**iscono** |

ⓘ Die 1. und 2. Person Singular sowie die 1. Person Plural haben jeweils übereinstimmende Endungen. Die Betonung liegt auf der vorletzten Silbe, mit Ausnahme der 3. Person Plural, bei der die drittletzte Silbe betont wird.

Bei den Verben auf -ire mit Stammerweiterung -isc- ist die unterschiedliche Aussprache von -sc- zu beachten. Dazu gehören u. a. folgende Verben: finire *(be)enden*, A2 preferire *vorziehen*, A2 pulire *putzen*, B1 spedire *schicken*, B1 costruire *bauen*, B1 sparire *verschwinden*, B1 sostituire *ersetzen*, B2 ferire *verletzen*.
(Weitere Besonderheiten finden Sie hier: ▶ 7.1 .)

Die Hilfsverben essere und avere bilden das Präsens unregelmäßig:

| **essere** *sein* | | **avere** *haben* | |
|---|---|---|---|
| sono | siamo | ho | abbiamo |
| sei | siete | hai | avete |
| è | sono | ha | hanno |

Weitere unregelmäßige Präsensformen wichtiger Verben sind z. B.:

| | | |
|---|---|---|
| andare *gehen* | → | (io) vado |
| venire *kommen* | → | (io) vengo |
| dire *sagen* | → | (io) dico |
| fare *machen* | → | (io) faccio |
| sapere *wissen* | → | (io) so |
| dare *geben* | → | (tu) dai |
| bere *trinken* | → | (io) bevo |

**Gebrauch**

Das Präsens wird wie im Deutschen verwendet:

- zum Ausdruck einer Handlung in der Gegenwart:
  Paolo **lavora** in ufficio. *Paolo* ***arbeitet*** *im Büro.*
- um ein sicheres Ereignis der nahen Zukunft zu bezeichnen:
  Domani **parto** per Parigi. *Morgen* ***fahre*** *ich nach Paris.*

- um eine gewohnheitsmäßige Handlung zu beschreiben: **Il lunedì vado al corso d'italiano.** *Montags **gehe** ich zum Italienischkurs.*
- um eine allgemeingültige Feststellung auszudrücken: **Lavorare stanca.** *Arbeiten ermüdet.*

## A2 8.2 Die Vergangenheit

Zu den Zeiten der Vergangenheit gehören im Italienischen das Imperfekt (l'imperfetto), das Perfekt (il passato prossimo), das historische Perfekt (il passato remoto) und das Plusquamperfekt (il trapassato prossimo).

### A2 8.2.1 Das Imperfekt

**Formen**

Das Imperfekt (l'imperfetto) wird gebildet, indem vom Infinitiv die Endung -re weggestrichen wird und die Imperfektendungen, die in allen drei Gruppen gleich sind, angehängt werden. Die Formen unterscheiden sich somit nur im Vokalauslaut des Stammes (-a-/-e-/-i-).

| **-are**<br>**chiamare** *(an)rufen* | **-ere**<br>**prendere** *nehmen* | **-ire**<br>**dormire** *schlafen* |
|---|---|---|
| chiama**vo** | prende**vo** | dormi**vo** |
| chiama**vi** | prende**vi** | dormi**vi** |
| chiama**va** | prende**va** | dormi**va** |
| chiama**vamo** | prende**vamo** | dormi**vamo** |
| chiama**vate** | prende**vate** | dormi**vate** |
| chiama**vano** | prende**vano** | dormi**vano** |

ⓘ Die Betonung liegt auch hier auf der vorletzten Silbe – mit Ausnahme der 3. Person Plural, bei der die drittletzte Silbe betont wird.

Das Hilfsverb avere bildet das Imperfekt nach der regelmäßigen Konjugation wie prendere.

Das Hilfsverb essere bildet das Imperfekt unregelmäßig:

| **essere** *sein* | |
|---|---|
| ero | eravamo |
| eri | eravate |
| era | erano |

Weitere wichtige unregelmäßige Formen:
bere *trinken* → bevevo, dire *sagen* → dicevo, fare *machen* → facevo, B1 proporre *vorschlagen* → proponevo, B1 produrre *produzieren* → producevo

**Gebrauch**
Das Imperfekt verwendet man für nicht abgeschlossene Handlungen und Ereignisse in der Vergangenheit, z. B.:

- für Beschreibungen und Schilderungen:
  **Aveva** i capelli lunghi. *Er/Sie* ***hatte*** *lange Haare.*
  La camera **era** molto bella. *Das Zimmer* ***war*** *sehr schön.*
- für körperliche oder seelische Zustände:
  Non ti ho più chiamato, perché **ero** stanco. *Ich habe dich nicht mehr angerufen, weil ich müde* ***war****.*
- für gewohnheitsmäßige Handlungen in der Vergangenheit:
  **Usciva** sempre la sera. *Er/Sie* ***ging*** *abends immer aus.*
- nach mentre *während* für eine Handlung, die noch andauert, während eine andere Handlung einsetzt:
  Mentre **guardavamo** la TV, è suonato il telefono. *Während wir* ***fernsahen****, klingelte das Telefon.*
- für zwei gleichzeitige Handlungen:
  Mentre **parlavo**, **pensavo** ad altre cose. *Während ich* ***sprach****,* ***dachte*** *ich an andere Dinge.*

- als höfliche Umschreibung statt Konditional I (▶ 8.4): **Volevo** sapere, se … *Ich* ***wollte/möchte*** *gerne wissen, ob …*

B2 In der gesprochenen Sprache wird im Bedingungssatz (▶ 8.4.3) oft das Imperfekt verwendet:
Se lo **sapevo (= l'avessi saputo)**, non **venivo (= sarei venuto)**. *Wenn ich das* ***gewusst hätte, wäre*** *ich nicht* ***gekommen.***
**Potevi (= avresti potuto)** dirmelo. *Das* ***hättest*** *du mir sagen können.*

A2
### 8.2.2 Das Perfekt

**Formen**

Das Perfekt (il passato prossimo) bildet man mit dem Präsens von essere bzw. avere und dem Partizip Perfekt (▶ 12.1).
Beim Perfekt mit essere wird die Endung des Partizips in Numerus und Genus an das Subjekt angeglichen. Zur Angleichung des Partizips beim Perfekt mit avere im Zusammenhang mit lo/la/li/le: ▶ 6.1.

| **andare** *gehen* | **vendere** *verkaufen* | **dormire** *schlafen* |
|---|---|---|
| **sono** andat**o/-a** | **ho** vend**uto** | **ho** dorm**ito** |
| **sei** andat**o/-a** | **hai** vend**uto** | **hai** dorm**ito** |
| **è** andat**o/-a** | **ha** vend**uto** | **ha** dorm**ito** |
| **siamo** andat**i/-e** | **abbiamo** vend**uto** | **abbiamo** dorm**ito** |
| **siete** andat**i/-e** | **avete** vend**uto** | **avete** dorm**ito** |
| **sono** andat**i/-e** | **hanno** vend**uto** | **hanno** dorm**ito** |

(Zur Perfektbildung mit essere oder avere: ▶ 7.2.)

**Gebrauch**

Das Perfekt wird verwendet

- zum Ausdruck einer einmaligen Handlung, die zum Zeitpunkt der Erzählung abgeschlossen ist:
  Mi **sono alzata** alle sette. *Ich **bin** um sieben Uhr **aufgestanden.***
  **Sono** già **tornati** ieri. *Sie **sind** gestern schon **zurückgekommen.***
- zur Beschreibung einer plötzlich eintretenden Handlung, die eine andere unterbricht:
  Mentre mangiavo, **è arrivata** la mia amica Anna. *Während ich aß, **ist** meine Freundin Anna **vorbeigekommen.***
- zum Ausdruck mehrerer abgeschlossener Handlungen, die aufeinanderfolgen:
  Mi **sono alzata** alle sette, ho **fatto** la doccia e **sono uscita** alle otto. *Ich **bin** um sieben **aufgestanden, habe geduscht** und **bin** um acht **weggegangen.***

Manche Verben haben im Perfekt eine andere Bedeutung als im Imperfekt:

| | |
|---|---|
| La **conoscevo** da tempo.<br>*Ich **kannte** sie seit langem.* | L'**ho conosciuto** qualche mese fa.<br>*Ich **habe** ihn vor einigen Monaten **kennengelernt.*** |
| Non lo **sapevi**?<br>***Wusstest** du das nicht?* | L'**ho saputo** solo ieri.<br>*Ich **habe** es erst gestern **erfahren.*** |

B1

## 8.2.3 Das historische Perfekt

### Formen

Die Formen des historischen Perfekts (il passato remoto) werden mit dem Verbstamm und den entsprechenden Personalendungen gebildet. Die drei Konjugationen unterscheiden sich nur in dem für sie typischen Vokal a (Ausnahme: 3. Pers. Sing.!), e bzw. i. Der Großteil der Endungen stimmt überein.

| **chiamare** *(an)rufen* | **vendere** *verkaufen* | **partire** *abreisen* |
|---|---|---|
| chiam**ai** | vend**ei/etti** | part**ii** |
| chiam**asti** | vend**esti** | part**isti** |
| chiam**ò** | vend**è/ette** | part**ì** |
| chiam**ammo** | vend**emmo** | part**immo** |
| chiam**aste** | vend**este** | part**iste** |
| chiam**arono** | vend**erono/ettero** | part**irono** |

ℹ Der Wortakzent liegt auf der vorletzten Silbe, außer in der 3. Person Plural, bei der die drittletzte Silbe betont wird. Bei den Verben auf -ere kommen auch die Endungen -etti (1. Pers. Sing.), -ette (3. Pers. Sing.) und -ettero (3. Pers. Pl.) vor.

Bei den Hilfsverben wird das historische Perfekt unregelmäßig gebildet: essere hat gänzlich, avere nur in der 1. und 3. Person Singular sowie der 3. Person Plural unregelmäßige Formen.

| **essere** *sein* | | **avere** *haben* | |
|---|---|---|---|
| fui | fummo | **ebbi** | avemmo |
| fosti | foste | avesti | aveste |
| fu | furono | **ebbe** | **ebbero** |

Zahlreiche Verben, meistens jene auf -ere, bilden das historische Perfekt unregelmäßig. Dabei ist zu beachten, dass wie bei avere nur die 1. und 3. Person Singular sowie die 3. Person Plural unregelmäßig sind, z. B.:

| **chiudere** *schließen* | |
|---|---|
| **chiusi** | chiudemmo |
| chiudesti | chiudeste |
| **chiuse** | **chiusero** |

Weitere Beispiele für unregelmäßige Formen:

chiedere *fragen*: (io) chiesi, (lui/lei) chiese, (loro) chiesero
sapere *wissen*: (io) seppi, (lui/lei) seppe, (loro) seppero
volere *wollen*: (io) volli, (lui/lei) volle, (loro) vollero
bere *trinken*: (io) bevvi, (lui/lei) bevve, (loro) bevvero
dire *sagen*: (io) dissi, (lui/lei) disse, (loro) dissero

**Gebrauch**

Das historische Perfekt wird zum Ausdruck eines historischen bzw. ganz in der Vergangenheit liegenden abgeschlossenen Ereignisses verwendet:

Michelangelo **abbandonò** per più di vent'anni la pittura e **si dedicò** alla scultura e all'architettura. *Michelangelo **gab** die Malerei für mehr als zwanzig Jahre **auf** und **widmete** sich der Bildhauerei und Architektur.*

Im Gegensatz zum Perfekt hat es keinen Bezug zur Gegenwart:

**Nacque** nel 1930. *Er wurde 1930 geboren (d. h. er lebt nicht mehr).*

**È nato** nel 1930. *Er wurde 1930 geboren (d. h. er lebt noch).*

Das historische Perfekt wird meist in literarischen Texten verwendet. In der gesprochenen Sprache wird es weitgehend – außer z. B. in Süditalien und in der Toskana – durch das Perfekt ersetzt. Bei diesen Formen ist eine passive Kenntnis ausreichend.

B2

### 8.2.4 Das Plusquamperfekt

**Formen**

Das Plusquamperfekt (il trapassato prossimo) wird mit dem Imperfekt von avere bzw. essere und dem Partizip Perfekt gebildet. ⚡ Bei der Verwendung mit essere muss die Endung des Partizips angeglichen werden.

| **chiamare** *(an)rufen* | **partire** *abfahren* |
|---|---|
| **avevo** chiam**ato** | **ero** part**ito/-a** |
| **avevi** chiam**ato** | **eri** part**ito/-a** |
| **aveva** chiam**ato** | **era** part**ito/-a** |
| **avevamo** chiam**ato** | **eravamo** part**iti/-e** |
| **avevate** chiam**ato** | **eravate** part**iti/-e** |
| **avevano** chiam**ato** | **erano** part**iti/-e** |

**Gebrauch**

Das Plusquamperfekt wird verwendet, um Vorzeitigkeit in der Vergangenheit auszudrücken: Die Handlung im Plusquamperfekt war *vor* einem anderen zurückliegenden Vorgang bereits abgeschlossen.

Quando l'abbiamo visto, **aveva** già **superato** gli esami.
*Als wir ihn sahen,* ***hatte*** *er die Prüfungen schon* ***bestanden.***
Quando sono arrivato, lo spettacolo **era** appena **finito.**
*Als ich ankam,* ***war*** *die Vorstellung gerade* ***beendet.***

ℹ Neben dem Plusquamperfekt gibt es im Italienischen eine weitere Zeit, die die Vorvergangenheit bezeichnet, aber wesentlich seltener benutzt wird: das historische Plusquamperfekt (il trapassato remoto). Es wird mit dem

historischen Perfekt von **essere** und **avere** und dem Partizip Perfekt gebildet. Verwendet wird es nur in Nebensätzen, die mit quando *als*, dopo che *nachdem*, appena che, non appena *sobald* eingeleitet werden. Die Handlung im Hauptsatz muss im historischen Perfekt erzählt sein:
Quando **ebbe superato** gli esami, fece una grande festa. *Nachdem er die Prüfungen* ***bestanden hatte****, machte er ein großes Fest.*
Dopo che **ebbi mangiato**, andai a dormire. *Nachdem ich* ***gegessen hatte****, ging ich schlafen.*

## 8.3 Das Futur

B1

Zukünftige Handlungen werden im Italienischen mit dem Futur I (il futuro semplice) und dem Futur II (il futuro composto, auch: il futuro anteriore) wiedergegeben.

### 8.3.1 Das Futur I

B1

**Formen**
Zur Bildung des Futur I werden an den Infinitiv ohne den Endvokal -e die Futurendungen, die für alle drei Verbgruppen gleich sind, angehängt. Bei den Verben auf -are wird das -a- der Infinitivendung zu -e- abgeschwächt. Kurze Verben wie stare *stehen*, fare *tun*, dare *geben* behalten jedoch den ursprünglichen Vokal bei (starò, farò, darò).

| **chiamare** *(an)rufen* | **vendere** *verkaufen* | **partire** *abreisen* |
|---|---|---|
| chiam**erò** | vend**erò** | part**irò** |
| chiam**erai** | vend**erai** | part**irai** |
| chiam**erà** | vend**erà** | part**irà** |
| chiam**eremo** | vend**eremo** | part**iremo** |
| chiam**erete** | vend**erete** | part**irete** |
| chiam**eranno** | vend**eranno** | part**iranno** |

Im Singular ist jeweils die Futurendung betont, im Plural die vorletzte Silbe.

Auch im Futur I gibt es unregelmäßige Formen.

- Bei einigen Verben entfällt der Vokal der Infinitivendung: **andare** *gehen*: **andrò, sapere** *wissen*: **saprò, vivere** *leben*: **vivrò, dovere** *müssen*: **dovrò, potere** *können*: **potrò, vedere** *sehen*: **vedrò.**
- Eine andere Gruppe von Verben hat im Futur I als Merkmal ein doppeltes **-r-**:
  **venire** *kommen*: **verrò, volere** *wollen*: **vorrò, bere** *trinken*: **berrò, rimanere** *bleiben*: **rimarrò.**

Das Hilfsverb **avere** bildet das Futur I wie **potere**, **essere** hat hingegen völlig unregelmäßige Formen:

| **avere** *haben* | | **essere** *sein* | |
|---|---|---|---|
| avrò | avremo | sarò | saremo |
| avrai | avrete | sarai | sarete |
| avrà | avranno | sarà | saranno |

## Gebrauch

Das Futur I drückt eine Handlung in der Zukunft aus. Ist das Ereignis gewiss, wird es wie im Deutschen oft durch das Präsens ersetzt (▶ 8.1).

Domani **verrà/viene** mia madre. *Morgen **wird** meine Mutter **kommen**.*

**Partiremo** verso la fine di agosto. *Wir **werden** gegen Ende August **fahren**.*

Das Futur I kann aber auch zum Ausdruck einer Vermutung verwendet werden.

**Avrà** 26 anni. *Er/Sie **wird (wohl)** 26 Jahre alt sein.*

**Saranno** le dieci. *Es **wird (wohl)** 10 Uhr sein.*

Zum Ausdruck der unmittelbar bevorstehenden Zukunft steht oft die Wendung **stare per** + Infinitiv: A2

**Sto per** finire. *Ich bin gleich fertig.*

Sandra **sta per** uscire. *Sandra ist im Begriff auszugehen/ will gerade ausgehen.*

### 8.3.2 Das Futur II B1

**Formen**

Das Futur II wird mit dem Futur I der Hilfsverben und dem Partizip Perfekt gebildet. Wird es mit essere gebildet, muss die Endung des Partizips angeglichen werden.

| **chiamare** *(an)rufen* | **partire** *abfahren* |
|---|---|
| **avrò** chiam**ato** | **sarò** part**ito/-a** |
| **avrai** chiam**ato** | **sarai** part**ito/-a** |
| **avrà** chiam**ato** | **sarà** part**ito/-a** |
| **avremo** chiam**ato** | **saremo** part**iti/-e** |
| **avrete** chiam**ato** | **sarete** part**iti/-e** |
| **avranno** chiam**ato** | **saranno** part**iti/-e** |

**Gebrauch**

Das Futur II wird zum Ausdruck einer zukünftigen Handlung, die vor einer anderen geschehen wird, verwendet:

Appena **sarò tornato**, mi farò vivo. *Sobald ich zurück **bin**, werde ich mich melden.*

Das Futur II kann auch (vgl. Futur I) bei einer Vermutung in Bezug auf die Vergangenheit gebraucht werden:

Ci **sarà stato** qualcuno. *Es **wird** jemand da **gewesen sein**.*

Marco **avrà bevuto** troppo. *Marco **wird** zu viel **getrunken haben**.*

## B1 8.4 Der Konditional

Im Italienischen unterscheidet man zwischen dem Konditional I (il condizionale semplice) und dem Konditional II (il condizionale composto).

### B1 8.4.1 Der Konditional I

**Formen**

Der Konditional I wird wie das Futur I gebildet: An den Infinitiv ohne den Endvokal -e werden die Endungen, die für alle Konjugationen gleich sind, angehängt. Bei den Verben auf -are wird das -a- der Infinitivendung zu -e- abgeschwächt.

| **chiamare** *(an)rufen* | **vendere** *verkaufen* | **partire** *abreisen* |
|---|---|---|
| chiam**erei** | vend**erei** | part**irei** |
| chiam**eresti** | vend**eresti** | part**iresti** |
| chiam**erebbe** | vend**erebbe** | part**irebbe** |
| chiam**eremmo** | vend**eremmo** | part**iremmo** |
| chiam**ereste** | vend**ereste** | part**ireste** |
| chiam**erebbero** | vend**erebbero** | part**irebbero** |

Die Betonung liegt meist auf der vorletzten Silbe, in der 1. Person Singular wird jedoch die letzte Silbe und in der 3. Person Plural die drittletzte Silbe betont.

Kurze Verben behalten jedoch auch beim Konditional I den ursprünglichen Vokal bei:

| | | |
|---|---|---|
| stare *stehen* | → | starei |
| fare *tun* | → | farei |
| dare *geben* | → | darei |
| dire *sagen* | → | direi |

Die Verben, bei denen im Futur I der Vokal vor der Endung entfällt, bilden den Konditional I auf dieselbe Weise:

andare *gehen* → andrei
vivere *leben* → vivrei
potere *können* → potrei
sapere *wissen* → saprei
dovere *müssen* → dovrei
vedere *sehen* → vedrei

Folgende Verben verdoppeln auch im Konditional I das r:

venire *kommen* → verrei
bere *trinken* → berrei
volere *wollen* → vorrei
rimanere *bleiben* → rimarrei

Das Hilfsverb avere bildet den Konditional I wie potere. Das Hilfsverb essere hat unregelmäßige Formen, die mit demselben Stamm wie das Futur I gebildet werden.

| **essere** *sein* | |
|---|---|
| sarei | saremmo |
| saresti | sareste |
| sarebbe | sarebbero |

| **avere** *haben* | |
|---|---|
| avrei | avremmo |
| avresti | avreste |
| avrebbe | avrebbero |

### Gebrauch

Den Konditional I, der im Deutschen meist mit dem Konjunktiv II der Gegenwart übersetzt wird, verwendet man

- zum Ausdruck eines höflichen Wunsches oder einer höflichen Bitte:
  **Vorrei** un cappuccino. *Ich **möchte** einen Cappuccino.*
  **Potrebbe** portare un altro cappuccino? ***Könnten** Sie noch einen Cappuccino bringen?*

- zum Ausdruck einer irrealen Handlung der Gegenwart:
  **Verrei** volentieri, ma … *Ich **käme** gerne, aber …*
  So che **verrebbe** volentieri. *Ich weiß, dass er gerne **käme**.*

B2

- zum Ausdruck einer irrealen Handlung im Hauptsatz eines konditionalen Satzgefüges (▶ 8.4.3):
  Se avessi tempo, **verrei** volentieri. *Wenn ich Zeit hätte, **würde** ich gerne kommen.*
- zur abgeschwächten Meinungsäußerung:
  Secondo me **potresti** almeno chiamarla. *Meiner Meinung nach **könntest** du sie wenigstens anrufen.*
- zur vorsichtigen Wiedergabe einer Meinung/eines Berichts anderer (oft in der Presse):
  Il presidente **sarebbe** malato. *Der Präsident **soll** krank sein.*

B1

## 8.4.2 Der Konditional II

### Formen

Den Konditional II bildet man mit dem Konditional I der Hilfsverben und dem Partizip Perfekt. Wird er mit essere gebildet, muss die Endung des Partizips angeglichen werden.

| **chiamare** *(an)rufen* | **partire** *abfahren* |
|---|---|
| **avrei** chiam**ato** | **sarei** part**ito/-a** |
| **avresti** chiam**ato** | **saresti** part**ito/-a** |
| **avrebbe** chiam**ato** | **sarebbe** part**ito/-a** |
| **avremmo** chiam**ato** | **saremmo** part**iti/-e** |
| **avreste** chiam**ato** | **sareste** part**iti/-e** |
| **avrebbero** chiam**ato** | **sarebbero** part**iti/-e** |

### Gebrauch

Der Konditional II wird ähnlich wie der Konditional I verwendet, wobei der Unterschied in der Zeitstufe liegt. Im Deutschen wird er mit dem Konjunktiv II der Vergangenheit wiedergegeben.

Der Konditional II wird verwendet

- um einen irrealen (nicht erfüllbaren) Wunsch in der Vergangenheit auszudrücken:
  **Sarei andata** volentieri a casa. *Ich* ***wäre*** *gerne nach Hause gegangen.*
  **Sarei venuto** volentieri, ma avevo molto da fare. *Ich* ***wäre*** *gerne gekommen, aber ich hatte viel zu tun.*
  So che **sarebbe venuto** volentieri. *Ich weiß, dass er gerne gekommen* ***wäre.***

- um eine irreale Handlung der Vergangenheit im Hauptsatz eines konditionalen Satzgefüges zu beschreiben (▶ 8.4.3): B2
  **Sarei venuto** a trovarti, se non avessi dovuto lavorare tanto. *Ich* ***hätte*** *dich besucht, wenn ich nicht so viel hätte arbeiten müssen.*

- die Meinung oder den Bericht anderer wiederzugeben:
  Secondo alcuni giornali il presidente **sarebbe stato** malato. *Laut einigen Zeitungen* ***soll*** *der Präsident krank gewesen sein.*

- das Futur/Nachzeitigkeit in der Vergangenheit auszudrücken (▶ 9.2 und 18): B2
  Sapevo che mi **avrebbe chiamato**. *Ich wusste, dass er/sie mich anrufen* ***würde.***

## B2 8.4.3 Der Bedingungssatz

Der Konditional wird auch als Modus im Bedingungssatz gebraucht. Er bezeichnet eine *irreale*, d. h. nicht erfüllbare Handlung. Der Nebensatz mit se *wenn* kann nicht im Konditional stehen.

| se-Satz: | Hauptsatz: |
|---|---|
| Konjunktiv Imperfekt | Konditional I |
| Se **potessi,** | **verrei.** |
| *Wenn ich könnte,* | *würde ich kommen.* |
| Konjunktiv Plusqu. | Konditional II |
| Se **avessi potuto,** | **sarei venuto/-a.** |
| *Wenn ich gekonnt hätte,* | *wäre ich gekommen.* |

Fällt die im Hauptsatz bezeichnete Folge in die Gegenwart, kann nach einem se-Satz im Konjunktiv Plusquamperfekt auch der Konditional I stehen:
Se non l'**avesse dimenticato**, ora non **sarebbe** nei guai.
*Wenn er/sie es nicht* ***vergessen hätte, hätte*** *er/sie jetzt keine Scherereien.*

Umgangssprachlich werden Konjunktiv Plusquamperfekt und Konditional II auch durch das Imperfekt ersetzt:
Se potevo, venivo. *Wenn ich könnte, würde ich kommen.*

Nach se *wenn* steht kein Konditional, nach se *ob* hingegen schon:
Hanno chiesto se **sarebbe venuto**. *Sie haben gefragt, ob er kommen* ***würde****.*

Anstelle eines se-Satzes kann z. B. auch ein Gerund, eine Partizipial- oder eine Infinitivkonstruktion stehen:
**Arrivato** lui, **potremmo** cominciare. *Wenn er angekommen **wäre, könnten** wir beginnen.*

ℹ Bedingungssätze mit *erfüllbaren* Handlungen stehen nicht im Konditional:
Se **posso, vengo/verrò**. *Wenn ich **kann, komme** ich/ **werde** ich **kommen**.*

# Auf einen Blick

## Der Indikativ

### Das Präsens

Zur Bildung des Präsens werden an den Verbstamm die Personalendungen angehängt. Manche Verben auf **-ire** fügen in einigen Formen die Silbe **-isc** zwischen Stamm und Endung ein.
Die Endungen sind: **-o,-i,-a/-e,-iamo,-ate/-ete/-ite, -ano/-ono**.

Als Höflichkeitsform wird die 3. Person verwendet.

Bei den Verben auf **-care** und **-gare** wird die Schreibweise der Aussprache angepasst: So wird in der 2. Person Singular und der 1. Person Plural ein **h** eingefügt: **tu cerchi, noi cerchiamo.**
ℹ Das passiert nicht bei den Verben auf **-ere**: die Aussprache richtet sich hier nach der Schreibweise!

### Die Vergangenheit: Das Imperfekt

Die Endung **-re** entfällt, an den Stamm werden folgende Endungen angehängt, die für alle drei Gruppen gleich sind: **-vo**, **-vi**, **-va**, **-vamo**, **-vate**, **-vanno**.

Die meisten Verben sind regelmäßig!
Ausnahmen: **essere → ero**, **dire → dicevo**, **fare → facevo**, **bere → bevevo**, **tradurre → traducevo**, **proporre → proponevo**, **produrre → producevo**.

Mit dem imperfetto beschreibt man:
- Zustände und Personen: **C'era molta gente.**
- Gewohnheiten, Handlungen: **Giocavo spesso a calcio.**
- Handlungen, die gleichzeitig passieren: **Mangiavo e leggevo un libro.**

**Die Vergangenheit: Das Perfekt**

Es wird mit einer Form von essere oder avere und dem Partizip gebildet. Beim Hilfsverb

- avere bleibt das Partizip unverändert: Voi avete bevut**o**.
- essere, hier verändert das Partizip seine Endung entsprechend dem Subjekt: Voi siete andat**i/e**.

Das Partizip wird wie folgt gebildet: Verben auf -are → ato, -ere und -ire → ito. Reflexive Verben haben immer essere als Hilfsverb. ℹ Viele unregelmäßige Verben!

Mit dem passato prossimo beschreibt man:

- einmalige Erlebnisse: Ci **siamo sposati** nel 1998.
- neu einsetzende Handlungen in einem andauernden Geschehen: Mentre mangiavo, **è arrivato** il nonno.

**Das Futur**

Die Endungen des Futurs sind für die Verben auf -are und -ere gleich: -erò, -erai, -erà, -eremo, -erete, -eranno. Bei den Verben auf -ire bleibt das -i des Infinitivs erhalten: -irò.

ℹ Vorsicht: Viele Unregelmäßigkeiten und Ausnahmen!

Mit dem futuro beschreibt man:

- zukünftige Handlungen oder Ereignisse: Domani **verrà** mia sorella. *Morgen wird meine Schwester kommen.*
- eine Vermutung: Sara **avrà** 30 anni.

**Der Konditional**

Er wird wie das Futur gebildet, aber die Endungen sind: -erei, -eresti, -erebbe, -eremmo, -ereste, -erebbero. Bei den Verben auf -ire beginnt die Endung mit -i: -irei, - iresti.

Der condizionale wird verwendet:

- zum Ausdruck eines Wunsches/einer Bitte: **Vorrei** un tè.
- zum Ausdruck einer irrealen Handlung: **Verrei**, ma non posso.

# 9 Der Konjunktiv Il congiuntivo



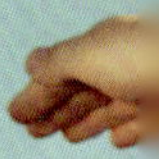

**„Glaube nicht, dass es unmöglich wäre!“**

{ *«Non credere che sia impossibile!»* }

B1

# Der Konjunktiv

Der Konjunktiv stellt den Modus des Zweifels, der Möglichkeit, des Wunsches, der Subjektivität und der Unsicherheit dar. Er hat vier Formen: Präsens, Imperfekt, Perfekt und Plusquamperfekt.

B1

## 9.1 Der Konjunktiv Präsens

**Formen**

Die Singularformen des Konjunktiv Präsens unterscheiden sich innerhalb einer Konjugation nicht. Deswegen werden zur Verdeutlichung im Singular die Subjektpronomen verwendet, ohne dass eine besondere Betonung vorliegt. Die Verben auf **-ere** und **-ire** haben identische Endungen. Die Endungen der 1. und 2. Person Plural sind in allen Konjugationen gleich.

| **chiamare** *(an)rufen* | **prendere** *nehmen* | **dormire** *schlafen* | **capire** *verstehen* |
|---|---|---|---|
| chiam**i** | prend**a** | dorm**a** | cap**isca** |
| chiam**i** | prend**a** | dorm**a** | cap**isca** |
| chiam**i** | prend**a** | dorm**a** | cap**isca** |
| chiam**iamo** | prend**iamo** | dorm**iamo** | cap**iamo** |
| chiam**iate** | prend**iate** | dorm**iate** | cap**iate** |
| chiam**ino** | prend**ano** | dorm**ano** | cap**iscano** |

Alle Verben, die im Indikativ Präsens Besonderheiten aufweisen, haben diese auch im Konjunktiv: Verben auf **-ire** mit Stammerweiterung **-isc-**, Verben auf **-care, -gare** etc. (▶ 7.1).

Die unregelmäßigen Verben bilden den Konjunktiv Präsens mit demselben Verbstamm wie den Indikativ, z. B. **dire** *sagen*: (io) dic-o → (io) dic-a.

Die Hilfsverben bilden den Konjunktiv Präsens unregelmäßig:

| **essere** *sein* | | **avere** *haben* | |
|---|---|---|---|
| sia | siamo | abbia | abbiamo |
| sia | siate | abbia | abbiate |
| sia | siano | abbia | abbiano |

Weitere wichtige unregelmäßige Formen:
**dare** *geben*: **(io) dia, stare** *stehen/bleiben*: **(io) stia, dovere** *müssen*: **(io) debba/deva, (loro) debbano/devano**

(Zum Gebrauch des Konjunktiv Präsens: ▶ 9.2 .)

## 9.2 Der Konjunktiv der Vergangenheit

B2

### Formen

Im Konjunktiv *Imperfekt* haben alle drei Konjugationen dieselben Endungen. Sie unterscheiden sich nur im auslautenden Vokal ihres Stammes.

| **chiamare** *(an)rufen* | **prendere** *nehmen* | **dormire** *schlafen* |
|---|---|---|
| chiama**ssi** | prende**ssi** | dormi**ssi** |
| chiama**ssi** | prende**ssi** | dormi**ssi** |
| chiama**sse** | prende**sse** | dormi**sse** |
| chiama**ssimo** | prende**ssimo** | dormi**ssimo** |
| chiama**ste** | prende**ste** | dormi**ste** |
| chiama**ssero** | prende**ssero** | dormi**ssero** |

Unregelmäßige Formen hat das Hilfsverb **essere**. Bei den Verben **stare** und **dare** wird der Vokal **-a-** in allen Personen zu **-e-** abgeschwächt:

| **essere** *sein* | | **stare** *stehen/bleiben* | | **dare** *geben* | |
|---|---|---|---|---|---|
| fossi | fossimo | stessi | stessimo | dessi | dessimo |
| fossi | foste | stessi | steste | dessi | deste |
| fosse | fossero | stesse | stessero | desse | dessero |

ℹ Das Hilfsverb avere hat regelmäßige Formen. Fare *tun* bildet den Konjunktiv Imperfekt wie den Indikativ Imperfekt mit dem ursprünglichen Verbstamm fac- (facessi).

Der *Konjunktiv Perfekt* sowie der *Konjunktiv Plusquamperfekt* setzen sich aus dem Hilfsverb essere bzw. avere im Konjunktiv und dem Partizip Perfekt zusammen. Das Partizip bei essere passt sich in Numerus und Genus an das Subjekt an.

- B1 Konjunktiv Perfekt:
  Konjunktiv Präsens von essere/avere + Partizip Perfekt
  → **sia andato/-a, abbiate venduto, abbiano dormito**
- Konjunktiv Plusquamperfekt:
  Konjunktiv Imperfekt von essere/avere + Partizip Perfekt
  → **fossi andato/-a, aveste venduto, abbiano dormito**

**Gebrauch**

Relativ selten wird der Konjunktiv im *Hauptsatz* verwendet:

- in Aufforderungen oder Wünschen (▶ 10):
  **Venga** pure! *Kommen Sie ruhig!*
  **Fosse vero**! *Wenn es nur wahr wäre!*
- in zweifelnden Fragen (Konj. Präsens oder Perfekt):
  Perché non mi ha chiamato? Che **sia** (stato) malato?
  *Warum hat er mich nicht angerufen? Ist er wohl krank (gewesen)?*
- in Ausrufen, die nicht erfüllbare Wünsche enthalten (Konj. Imp. oder Plusqu.):

**Non ti avessi mai conosciuto!** *Hätte ich dich doch nie kennengelernt!*
**Sapessi** almeno la verità! *Wüsste ich wenigstens die Wahrheit!*

Weitaus gebräuchlicher ist der Konjunktiv im *Nebensatz*. Die Zeit des Verbs richtet sich hierbei nach der Zeit des Hauptsatzverbs (▶ 9.2). Der Konjunktiv steht:

- nach Verben des Glaubens und Meinens, wie z. B. pensare *denken*, credere *glauben*, ritenere *halten für*, sembrare *scheinen*, parere *scheinen*, supporre *annehmen*: B1
  Penso che **sia stato** possibile. *Ich denke, dass es möglich war.*
  Mi sembra che **piova**. *Es scheint mir zu regnen.*
- nach Verben der Gefühlsäußerung und der Hoffnung, wie z. B. temere *fürchten*, essere contenti *zufrieden sein*, avere paura *Angst haben*, essere felici *glücklich sein*, sperare *hoffen*, rallegrarsi *sich freuen*, essere sorpresi *erstaunt sein*: B1
  Sono contento che tua madre **stia** meglio. *Ich bin froh, dass es deiner Mutter besser geht.*
- nach Verben des Zweifelns und der Unsicherheit, wie z. B. non essere sicuri/certi *nicht sicher sein*, dubitare *zweifeln*, non sapere *nicht wissen*: B1
  Dubito che lui **capisca**. *Ich bezweifle, dass er versteht.*
- nach Verben des Wollens und Wünschens, wie z. B. volere *wollen*, esigere *verlangen*, desiderare *wünschen*, preferire *vorziehen*: B1
  Voglio che tu mi **dica** tutto. *Ich will, dass du mir alles sagst.*

B1 • nach unpersönlichen Ausdrücken, die eine Notwendigkeit, (Un-)Möglichkeit oder Wahrscheinlichkeit bezeichnen, wie occorre/bisogna/è necessario *es ist nötig*, è (im)possibile *es ist (un)möglich*, è (im)probabile *es ist (un)wahrscheinlich*:
È possibile che **vengano** a trovarci. *Möglicherweise kommen sie uns besuchen.*

• obligatorisch nach bestimmten Konjunktionen (▶ 15.2 ):
Benché io **fossi** stanca, mi sono alzata. *Obwohl ich müde war, stand ich auf.*

B1 • in Relativsätzen, die einen Wunsch oder eine Forderung ausdrücken:
Cerco una ragazza alla pari che **sappia** l'italiano. *Ich suche ein Au-Pair-Mädchen, das Italienisch spricht.*

• im Bedingungssatz zum Ausdruck einer irrealen Handlung der Gegenwart (Konj. Imp.) oder der Vergangenheit (Konj. Plusqu.). Im Hauptsatz steht der Konditional (▶ 8.4 ):
Se lo **sapessi**, mi sentirei meglio. *Wenn ich es wüsste, fühlte ich mich besser.*
Se l'**avessi saputo**, non sarei venuto. *Wenn ich das gewusst hätte, wäre ich nicht gekommen.*

• in Vergleichssätzen mit Komparativ nach di quanto *wie*:
La situazione era meno grave di quanto **pensassi**. *Die Lage sah nicht so schlecht aus, wie ich dachte.*

• nach einigen Indefinitpronomen und -adjektiven, die wie Konjunktionen verwendet werden, z. B. chiunque *wer auch immer*, qualunque/qualsiasi (Adj.) *was (wer) auch immer*, comunque *wie auch immer*, ovunque *wohin auch immer*:
Mi segue ovunque (io) **vada**. *Er folgt mir, wo auch immer ich hingehe.*

Haben Haupt- und Nebensatz das gleiche Subjekt, ersetzt man den konjunktivischen Nebensatz (meist mit che eingeleitet) durch di + Infinitiv (▶ 11): B1

Penso **di partire** presto. *Ich glaube, ich fahre bald.*

Steht der Nebensatz im Konjunktiv, ist die folgende Zeitenfolge zu beachten: B2

| Hauptsatz | Nebensatz |
|---|---|
| **Präsens**<br>Credo<br>*Ich glaube,* | • Vorzeitigkeit (früher, gestern etc.): **Konj. Perfekt**<br>**che sia tornato ieri.** *dass er gestern zurückgekommen ist.*<br>• Gleichzeitigkeit (jetzt, heute etc.): **Konj. Präsens**<br>**che torni oggi.** *dass er heute zurückkommt.*<br>• Nachzeitigkeit (später, morgen etc.): **Konj. Präsens, Futur I**<br>**che torni/tornerà domani.** *dass er morgen zurückkommen wird.* |
| **Imperfekt/ Perfekt/ Hist. Perfekt**<br>Credevo/ho creduto/credetti<br>*Ich glaubte/ habe geglaubt,* | • Vorzeitigkeit: **Konj. Plusquamperfekt**<br>**che fosse tornato il giorno prima.** *dass er tags zuvor zurückgekommen wäre.*<br>• Gleichzeitigkeit: **Konj. Imperfekt**<br>**che tornasse.** *dass er zurückkäme.*<br>• Nachzeitigkeit: **Konditional II (Konj. Imp.)**<br>**che sarebbe tornato (tornasse) il giorno dopo.** *dass er tags darauf zurückkommen würde.* |

Steht im Hauptsatz Konditional I, folgt das Verb im Nebensatz zum Ausdruck der Gleich- und Nachzeitigkeit meist im Konj. Imperfekt, bei Vorzeitigkeit im Konj. Plusquamperfekt:

Vorrei che tu **fossi (stato)** qui. *Ich wollte, du wärest hier (gewesen).*

# Auf einen Blick

## Der Konjunktiv

Der Modus Konjunktiv kommt in vier Tempusformen vor: Präsens, Imperfekt, Perfekt und Plusquamperfekt

**Der Konjunktiv Präsens**
Wie immer haben wir bestimmte Endungen, die an den Verbstamm angehängt werden. Für die Verben auf -are sind die Endungen für die ersten drei Personen Singular -i, dann -iamo, -iate, -ino. Die Verben auf -ere und -ire haben genau die gleichen Pluralendungen, nämlich -iamo, -iate, -ano, für die ersten drei Personen Singular ist es -a.

Da die drei Singularformen gleichlautend sind, empfiehlt es sich, die Subjektpronomen mitzuverwenden.

ℹ Alle Verben, die im Indikativ Präsens Besonderheiten aufweisen, haben diese auch im Konjunktiv.

**Der Konjunktiv der Vergangenheit**
Es gibt drei Arten:

- Der Konjunktiv Imperfekt: Hier haben alle drei Konjugationen dieselben Endungen. Das -re in der Grundform fällt weg, hinzugefügt werden die Endungen: -ssi, -ssi, -sse, -ssimo, -ste, -ssero.
  ℹ Bei dare und stare wird der Vokal -a zu -e. Avere *haben* ist regelmäßig und fare *tun* bildet den Imperfekt mit dem ursprünglichen Verbstamm fac- (facessi).
- Der Konjunktiv Perfekt: Er wird mit dem Konjunktiv Präsens der Hilfsverben essere oder avere und dem Partizip des Hauptverbs gebildet: Credo che **sia andato** a casa. *Ich glaube, er ist nach Hause gegangen.*

- Der Konjunktiv Plusquamperfekt: Er wird wie der Konjunktiv Perfekt gebildet, aber das Hilfsverb ist im Konjunktiv Imperfekt: Credevo che **fosse malato**. *Ich dachte, er war krank.*

Bei den Verben, die das Perfekt und Plusquamperfekt mit essere bilden, verändert das Partizip seine Endung entsprechend dem Subjekt des Satzes.

**Gebrauch**

Der Konjunktiv wird gebraucht:

- nach Verben des Glaubens, wie pensare, credere, sembrare: Penso che **sia** malato. *Ich denke, dass er krank ist.*
- nach Verben, die Gefühle erklären, wie essere contenti, avere paura: Sono felice che tu **sia** guarita. *Ich bin froh, dass du wieder gesund bist.*
- nach Verben des Zweifelns, wie non essere sicuri, dubitare: Dubito, che Sandra **arrivi** puntuale. *Ich zweifle, dass Sandra pünktlich ankommt.*
- nach Verben des Wollens, wie volere, desiderare: Voglio che tu **venga** a casa! *Ich will, dass du nach Hause kommst!*
- nach unpersönlichen Verben: basta, è sufficiente, è possibile: Basta che **arrivino** per cena. *Es reicht, wenn sie zum Abendessen ankommen.*
- nach bestimmten Konjunktionen: benché, nonostante, sebbene, affinché: Parlerò più lentamente, affinché mi **capiate**. *Ich werde langsamer sprechen, damit ihr mich versteht.*

In Bedingungssätzen steht der Hauptsatz im Konditional und der Nebensatz im Konjunktiv: Se **venisse, sarei** felice. *Wenn sie kommen würde, wäre ich froh.*

# 10 Der Imperativ
# L'imperativo

„Wasch dich!“

{ *«Lavati!»* }

# Der Imperativ

B1

## Formen

Der Imperativ (Befehlsform) entspricht in der 2. Person Singular und der 2. Person Plural dem Präsens in diesen Personen – mit Ausnahme der Verben auf -are in der 2. Person Singular. In der Höflichkeitsform sowie bei Aufforderungen in der 1. Person Plural verwendet man den Konjunktiv Präsens. Alle Verben, die im Indikativ Präsens Besonderheiten aufweisen, haben diese auch im Imperativ.

| | **chiamare** *(an)rufen* | **prendere** *nehmen* | **dormire** *schlafen* | **capire** *verstehen* |
|---|---|---|---|---|
| tu | chiam**a** | prend**i** | dorm**i** | cap**isci** |
| Lei | chiam**i** | prend**a** | dorm**a** | cap**isca** |
| noi | chiam**iamo** | prend**iamo** | dorm**iamo** | cap**iamo** |
| voi | chiam**ate** | prend**ete** | dorm**ite** | cap**ite** |

Vieni qua! *Komm her!* Entri pure! *Treten Sie ruhig ein!* Andiamo! *Gehen wir!* Dormite bene! *Schlaft gut!*

Einige Verben haben, z. T. neben einer regelmäßigen Form, in der 2. Person Singular eine verkürzte oder unregelmäßige Imperativform:

avere *haben* → **abbi**
dire *sagen* → **di'**
andare *gehen* → **vai/va'**
stare *stehen* → **stai/sta'**
essere *sein* → **sii**
fare *tun* → **fai/fa'**
dare *geben* → **dai/da'**
sapere *wissen* → **sappi**

Die Verneinung des Imperativs der 2. Person Singular wird mit non + Infinitiv Präsens ausgedrückt. Bei allen anderen Personen wird die normale Imperativform durch non verneint: Non piangere! *Weine nicht!* Non parlate! *Sprecht nicht!*

(Zum unbetonten Personalpronomen beim Imperativ: ▶ 6.1 .)

# Auf einen Blick

## Der Imperativ

Mit dem Imperativ richten Sie eine Aufforderung an eine oder mehrere Personen, etwas Bestimmtes zu tun. Auch Wünsche und Bitten können durch den Imperativ ausgedrückt werden.

Es gibt:

- den Imperativ in der Du-Form: Bei den Verben auf **-are** lautet die Endung **-a**: **Mangia!** *Iss!*. Bei den Verben auf **-ere** oder **-ire** lautet die Endung **-i**: **Apri la porta!** *Öffne die Tür!*
- den Imperativ in der Sie-Form: Die Endungen verkehren sich: Verben auf **-are**: Endung **-i**: **Mangi!** *Essen Sie!*. Verben auf **-ere** oder **-ire**: Endung **-a**: **Apra la porta!** *Öffnen Sie die Tür!*
- den Imperativ in der 1. Person Plural: Er hat die gleiche Form wie die 1. Person Plural im Indikativ Präsens. Man kann ihn als kollektiven Imperativ verwenden: **Finiamo prima questo lavoro!** *Lasst uns zuerst diese Arbeit zu Ende bringen!*
- den Imperativ in der 2. Person Plural: Er hat die gleiche Form wie die 2. Person Plural im Indikativ Präsens. Oft wird auch die formelle Anrede mit dieser Form ausgedrückt. **Finite!** *Beendet es!/Beenden Sie es!*

ℹ Der Imperativ in der 3. Person Plural wird selten benutzt, weil er einer sehr formellen Anrede entspricht.

ℹ Es gibt viele unregelmäßige Formen!

Vorsicht bei der verneinten Form. Die Du-Form wird mit **non** + Infinitiv gebildet: **Non mangiare tanto!** *Iss nicht so viel!* Alle anderen Formen: **non** + Imperativ: **Non mangi tanto!** *Essen Sie nicht viel!*

Die Pronomen stehen nur bei der Sie-Form vor dem Imperativ, bei den anderen Formen werden sie direkt angehängt (Zusammenschreibung!): **La mangi!** Aber: **mangiala!** Beim verneinten Imperativ in der Du-Form kann man das Pronomen vor den Infinitiv stellen oder es anhängen. Im zweiten Fall entfällt das **-e** des Infinitivs: **Non la mangiare!** Oder: **Non mangiarla!**

# 11 Der Infinitiv
# L'infinitivo

**„Ich will nicht mehr streiten!“**

{ *«Io non voglio più litigare!»* }

# A1 Der Infinitiv

### Formen

Im Infinitiv *Präsens* lauten die regelmäßigen Endungen -are/-ere/-ire: andare *gehen*, prendere *nehmen*, dormire *schlafen*.

Einige Verben bilden durch Kontraktion der ursprünglichen lateinischen Endung eine unregelmäßige Infinitivform, z. B. proporre *vorschlagen*, tradurre *übersetzen*.

Die reflexiven Verben hängen das Reflexivpronomen an den Infinitiv an, der Endvokal -e entfällt: lavarsi *sich waschen*.

Der Endvokal kann auch in bestimmten Wendungen entfallen, z. B. wenn auf den Infinitiv ein Objekt folgt: A2 aver voglia *Lust haben*.

B2 Der Infinitiv *Perfekt* wird mit essere oder avere und dem Partizip Perfekt gebildet: avere chiamato *gerufen haben*, essere rimasto/-a/-i/-e *geblieben sein*.
Er kann ebenfalls ohne den Endvokal -e stehen: aver fatto *getan haben*.

(+ Zur Stellung der Personalpronomen: ▶ 6.1 .)

### Gebrauch

Der Infinitiv wird entweder ohne Präposition verwendet oder mit bestimmten Präpositionen angeschlossen.

B1 Der reine *Infinitiv Präsens* wird verwendet:

- als Subjekt oder Objekt: **Dire** è più facile che **fare**. *Leichter gesagt als getan.*
- in allgemeinen Anweisungen (z. B. Rezepte) und mit non *als* verneinter Imperativ (▶ 10):
  **Tagliare** i pomodori, … *Tomaten schneiden, …*
  Non glielo **dire**! *Sag es ihm/ihr nicht!*

A2

- in Ausrufen mit **che** *wie*: **Che bello sentirti!** *Schön, dich zu hören!*
- in verkürzten Sätzen: **Non so che fare.** *Ich weiß nicht, was tun.*
- nach unpersönlichen Verben und Ausdrücken wie **basta** *es genügt*, **mi piace** *es gefällt mir/ich mag*, **è difficile** *es ist schwierig*, **è possibile** *es ist möglich*, **bisogna** *es ist nötig/man muss*, A2 **è utile** *es ist nützlich*, **conviene** *es ist nötig* usw.:
  **Bisogna vedere per credere.** *Das muss man sehen, um es zu glauben.*
  **È difficile imparare l'italiano?** *Ist es schwierig, Italienisch zu lernen?*
- nach Modalverben und Verben, die wie solche verwendet werden, z. B. **potere** *können*, **dovere** *müssen*, **volere** *wollen*, **sapere** *können*, **lasciare** *lassen*, **fare** *tun*:
  **Devo andare dal medico.** *Ich muss zum Arzt gehen.*
  **Sai guidare?** *Kannst du Auto fahren?*
- nach Verben der Wahrnehmung wie **sentire** *hören*, **vedere** *sehen*, **ascoltare** *(zu)hören*, **guardare** *schauen*:
  **Sento bussare qualcuno.** *Ich höre jemanden klopfen.*
- nach **desiderare** *wünschen* und A2 **preferire** *vorziehen*:
  **Preferirei andare in America.** *Ich möchte lieber nach Amerika fahren.*

Mit der Präposition **di** (dt. meist *zu*) wird der Infinitiv angeschlossen

- nach einer Vielzahl von Verben, z. B. **cercare** *versuchen*, **chiedere** *bitten/fragen*, **dimenticare** *vergessen*, **finire** *beenden*, A2 **promettere** *versprechen*, A2 **ricordarsi** *sich erinnern*, A2 **decidere** *entscheiden*, A2 **smettere** *aufhören*, A2 **sperare** *hoffen*, B1 **pregare** *bitten* usw.:

Speravo **di trovarti**. *Ich habe gehofft, dich zu finden.*
Hai smesso **di fumare**? *Hast du aufgehört zu rauchen?*

- nach festen Wendungen aus avere + Substantiv, z. B. avere bisogno *brauchen*, A2 avere paura *Angst haben*, A2 avere tempo *Zeit haben*, A2 avere voglia *Lust haben* usw.:
  Hai voglia **di fare** una passeggiata? *Hast du Lust, spazieren zu gehen?*
- nach essere + Adjektiv, z. B. essere certo/sicuro *sicher sein*, essere contento *froh sein*, essere felice *froh sein*, B1 essere capace *fähig sein* usw.:
  Sono contenta **di vederti**. *Ich bin froh, dich zu sehen.*
- als Ersatz für einen Nebensatz mit che + Konjunktiv (▶ 9.2):
  Credo **di farcela**. *Ich glaube, ich schaffe es.*

Mit der Präposition a wird der Infinitiv meist zum Ausdruck des Zweckes angeschlossen. Er steht

- nach Verben der Bewegung wie andare *gehen*, venire *kommen* usw.:
  Vado **a fare** la spesa. *Ich gehe einkaufen.*
- nach bestimmten Verben wie z. B. aiutare *helfen*, imparare *lernen*, rimanere *bleiben*, A2 cominciare *beginnen*, B1 abituarsi *sich gewöhnen*, B1 riuscire *gelingen* usw.:
  Comincio **a lavorare** alle 8. *Ich fange um 8 Uhr an zu arbeiten.*
- nach einigen Adjektiven mit essere *wie* A2 essere pronto *fertig sein*, B1 essere adatto *geeignet sein*, B2 essere disposto *bereit sein*:
  Alessandro è disposto **a farlo**. *Alessandro ist bereit, es zu tun.*

- als Ersatzkonstruktion für einen Nebensatz mit se *wenn* oder einen Relativsatz, wenn die Subjekte übereinstimmen: **A pensarci** bene (= Se ci penso bene) non ho voglia di andare al cinema. *Wenn ich genau darüber nachdenke, habe ich keine Lust ins Kino zu gehen.*
  È l'unico **a saperlo.** *Er ist der Einzige, der es weiß.* B1

Mit der Präposition da (dt. meist *zu*) wird der Infinitiv meist dann angeschlossen, wenn er den Zweck oder die Folge ausdrückt. Er steht A2

- nach bestimmten Substantiven: A1 la macchina **da scrivere** *die Schreibmaschine*.
- nach den Pronomen qualcosa *etwas*, niente *nichts*, molto *viel*, poco *wenig*, tanto *so viel*, che cosa *was*:
  Vorrei qualcosa **da mangiare.** *Ich möchte etwas zu essen.*
- nach essere:
  Era **da firmare.** *Das war zu unterschreiben.*
- nach avere in der Bedeutung *müssen*: B1
  Ho **da fare**. *Ich habe zu tun.*
- als Ersatz für einen Folgesatz nach così/tanto *so (sehr)* bei Subjektgleichheit:
  Era così stanco **da addormentarsi** subito. *Er war so müde, dass er sofort einschlief.*

Der *Infinitiv Perfekt* wird in der Regel verwendet, um einen Nebensatz mit demselben Subjekt wie im Hauptsatz zu ersetzen, dessen Handlung vor der des Hauptsatzes geschehen ist. Er wird wie der Infinitiv Präsens angeschlossen. B2
Non penso di **avere** già **incontrato** Matteo. *Ich denke nicht, dass ich Matteo schon getroffen habe.*
Nessuno sembrava **averlo capito**. *Niemand schien es verstanden zu haben.*

# Auf einen Blick

## Der Infinitiv

Im Infinitiv Präsens haben wir die drei Endungen: **-are**, **-ere**, **-ire**. Im Infinitiv Perfekt haben wir **essere** oder **avere** und das Partizip: **essere arrivato/-a/-i/-e**.
⚡ Bei den reflexiven Verben entfällt der Endvokal **-e**: **vestirsi**.
Der Infinitiv wird mit oder ohne Präposition gebraucht.
Ohne Präposition:

- als Subjet oder Objekt: **Fare sport è sano.** *Sport machen ist gesund.*
- in Ausrufen mit **che**: **Che bello vederti!** *Schön, dich zu sehen!*
- nach unpersönlichen Verben: **basta**, **mi piace**, **bisogna**: **Mi piace cantare.** *Singen gefällt mir.*

Mit Präposition:

- nach vielen Verben, die die Präposition **di** brauchen: **cercare** *versuchen*, **chiedere** *fragen*, **sperare** *hoffen*: **Ho cercato di chiamarti.** *Ich habe versucht, dich anzurufen.*
- nach vielen Verben, die die Präposition **a** brauchen: **cominciare** *anfangen*, **andare** *gehen*, **imparare** *lernen*: **Comincio a stare meglio.** *Ich fange an, mich besser zu fühlen.*
- nach der Präposition **da**: **Ho da fare!** *Ich habe zu tun!*

# 12 Das Partizip
# Il participio

**12.1 Das Partizip Perfekt –**
Il participio passato

**12.2 Das Partizip Präsens –**
Il participio presente

**„Wer hat denn bloß den Sattel verstellt?“**

*«Ma chi ha cambiato la sella?»*

# A2 Das Partizip

## A2 12.1 Das Partizip Perfekt

**Formen**

Das Partizip Perfekt wird gebildet, indem anstelle der Infinitivendung je nach Konjugation die Partizipendung -ato, -uto bzw. -ito angehängt wird:

| | | | | | |
|---|---|---|---|---|---|
| -are | → | **-ato** | chiamare | → | chiam**ato** *gerufen* |
| -ere | → | **-uto** | vendere | → | vend**uto** *verkauft* |
| -ire | → | **-ito** | partire | → | part**ito** *abgefahren* |

Das Hilfsverb essere hat dasselbe Partizip Perfekt wie stare *stehen*: stato. Das Hilfsverb avere bildet das Partizip Perfekt regelmäßig: avuto.

Zahlreiche Verben (vor allem auf -ere) bilden das Partizip Perfekt unregelmäßig. Die häufigsten Endungen sind -so, -to und -sto:

prendere → pre**so** *genommen*, chiedere → chie**sto** *gefragt*, aprire → aper**to** *geöffnet*

**Gebrauch**

Wichtigste und häufigste Verwendung findet das Partizip Perfekt mit den Hilfsverben in den zusammengesetzten Zeiten sowie im Passiv (▶ 14):

**Ho scritto** una lettera. *Ich habe einen Brief geschrieben.*
**Sono andata** a Monaco. *Ich bin nach München gefahren.*

Das Partizip Perfekt kann auch als Adjektiv verwendet werden: l'anno scorso *vergangenes Jahr*.

B2 In der Schriftsprache ersetzt das Partizip (ohne Hilfsverb verwendet):

- einen Relativsatz:
  La lettera **ricevuta** (= che ho ricevuto) ieri, mi ha fatto piacere. *Der Brief, den ich gestern erhalten habe, hat mich erfreut.*
- einen temporalen Nebensatz (eingeleitet mit appena *sobald*, dopo che *nachdem*, quando *als*). Das Partizip eines transitiven Verbs richtet sich nach seinem Objekt, das eines intransitiven Verbs nach dem Subjekt.
  Ricevut**a la** lettera, mi ha chiamato subito. *Sobald er/sie den Brief erhalten hatte, rief er/sie mich sofort an.*
  Tornati a casa, **abbiamo** mangiato. *Nachdem wir nach Hause zurückgekommen waren, haben wir gegessen.*

## 12.2 Das Partizip Präsens

B1

### Formen

Das Partizip Präsens bildet man, indem die Infinitivendung durch die Endung -ante bzw. -ente ersetzt wird:

| | | | | | |
|---|---|---|---|---|---|
| -are | → | **-ante** | ballare | → | ball**ante** *tanzend* |
| -ere | → | **-ente** | ridere | → | rid**ente** *lachend* |
| -ire | → | **-ente** | seguire | → | segu**ente** *folgend* |

### Gebrauch

Das Partizip Präsens wird relativ selten verwendet. Meist steht es

- in Funktion eines Adjektivs oder substantiviert, z. B. corrente *fließend/geläufig*, la corrente *der Strom*, A1 pesante *schwer*, A1 l'insegnante *der Lehrer*
- als Ersatz eines Relativsatzes: B2
  Le domande **riguardanti** (= che riguardano) questo problema ... *Die Fragen, die dieses Problem betreffen, ...*

# Auf einen Blick

## Das Partizip Perfekt

Die regelmäßigen Verben auf -are bilden das Partizip Perfekt mit der Endung -ato, die Verben auf -ere mit der Endung -uto und die Verben auf -ire mit der Endung -ito.
⚡ Verben auf -cere, die ein regelmäßiges Partizip bilden, fügen vor der Endung -uto ein -i ein.
ℹ Zahlreiche Verben bilden das Partizip unregelmäßig.

- Das Partizip Perfekt wird im Italienischen meist zur Bildung der zusammengesetzten Zeiten gebraucht: Siamo **andati** al cinema. *Wir sind ins Kino gegangen.*
- Es kann aber auch als Adjektiv verwendet werden: Gli anni **passati** sono stati bellissimi. *Die vergangenen Jahre waren wunderschön.*
- Oder es ersetzt einen Nebensatz: **Preparata** (= appena ho finito di preparare) la cena, sono uscita. *Sobald ich das Abendessen vorbereitet hatte, bin ich ausgegangen.*

ℹ Bei intransitiven Verben richtet sich das Partizip in Geschlecht und Zahl nach dem Subjekt, bei transitiven Verben nach dem Objekt.

## Das Partizip Präsens

Das Partizip Präsens wird gebildet, indem man die Infinitivendungen -are durch -ante, -ere und -ire durch -ente ersetzt.
ℹ Es wird kaum in der Funktion eines Verbs verwendet, sondern meist als Adjektiv oder Substantiv: Che valigie **pesanti**! *Was für schwere Koffer!*

# 13 Das Gerund Il gerundio

**„Wenn ich schnell genug fahre, kann ich sie noch warm essen."**

{ *«Facendo veloce posso mangiarla ancora calda.»* }

B2

# Das Gerund

**Formen**

Das Gerund hat zwei Formen: das Gerund der Gegenwart und das Gerund der Vergangenheit. Beide sind unveränderlich.

Das Gerund der *Gegenwart* bildet man, indem die Infinitivendung durch die Endung -ando bzw. -endo ersetzt wird:

| | | | | | |
|---|---|---|---|---|---|
| -are | → | **-ando** | guardare *sehen* | → | guard**ando** |
| -ere | → | **-endo** | leggere *lesen* | → | legg**endo** |
| -ire | → | **-endo** | sentire *hören* | → | sent**endo** |

Das Gerund der *Vergangenheit* wird mit dem Gerund der Gegenwart von avere oder essere und dem Partizip Perfekt des Verbs gebildet. Bei dem mit essendo gebildeten Gerund wird das Partizip angeglichen:

avendo letto    essendo rimast**o/-a/-i/-e**

Die Verben fare *tun*, dire *sagen* und bere *trinken* bilden das Gerund unregelmäßig:

fare → facendo    dire → dicendo    bere → bevendo

(Zur Stellung unbetonter Personalpronomen: ▶ 6.1.)

**Gebrauch**

Das Gerund der *Gegenwart* bezeichnet eine Handlung, die zur gleichen Zeit wie die Haupthandlung stattfindet. Sind die beiden Subjekte identisch, kann das Gerund einen Nebensatz ersetzen, der

- das zeitliche Verhältnis bezeichnet (temporal):
  **Apprendendo** quella notizia, sono rimasta molto sorpresa. *Als ich diese Nachricht erhielt, war ich sehr überrascht.*

- den Grund angibt (kausal):
  **Lavorando** molto, Mario ha poco tempo libero. *Da Mario viel arbeitet, hat er wenig Freizeit.*
- die Art und Weise beschreibt (modal):
  Paola si rilassa **ascoltando** musica. *Paola entspannt sich, indem sie Musik hört.*
- eine Bedingung angibt (konditional):
  **Lavorando** meno, non saresti sempre così stanco. *Wenn du weniger arbeiten würdest, wärst du nicht immer so müde.*
- in Verbindung mit pure *obwohl* eine Einschränkung bezeichnet (konzessiv):
  Pur **essendo** malato, va a lavorare. *Obwohl er krank ist, geht er arbeiten.*

ℹ Eine Handlung, die im Augenblick des Sprechens geschieht, wird mit stare + Gerund beschrieben: A2
Che **stai facendo**? *Was machst du (gerade)?*

Das Gerund der *Vergangenheit* drückt eine vorausgehende Handlung aus; es ersetzt wie das Gerund der Gegenwart einen Nebensatz (meist kausal oder temporal):
**Essendo** arrivata in ritardo, non ha visto l'inizio del film. *Da sie zu spät gekommen war, hat sie den Anfang des Films nicht gesehen.*

# Auf einen Blick

## Das Gerund

Das Gerund hat zwei Formen:

- Das einfache Gerund wird gebildet, indem man die Infinitivendungen -are durch -ando, -ere und -ire durch -endo ersetzt.
  - Es bezeichnet eine Handlung, die zur gleichen Zeit wie die Haupthandlung stattfindet. Sind die beiden Subjekte identisch, kann das Gerund einen Nebensatz ersetzen: **Essendo** malata, non può venire. *Da sie krank ist, kann sie nicht kommen.*
  - In Kombination mit stare drückt es eine gerade stattfindende Handlung aus: Sto **leggendo**! *Ich lese gerade.*

  ⚡ Einige Verben bilden das Gerund auf der Basis ihrer ursprünglichen lateinischen Form: Fare → facendo, bere → bevendo, dire → dicendo
- Das zusammengesetzte Gerund wird mit dem Gerund von avere oder essere + Partizip gebildet. Es wird häufig zur Angabe der Ursache verwendet: **Avendo** già **visto** il film, non vado al cinema stasera. *Da ich den Film schon gesehen habe, gehe ich heute Abend nicht ins Kino.*

# 14 Das Passiv
# Il passivo

**„Sie wird gleich gebissen."**

{ *«Subito viene morsa.»* }

B2

# Das Passiv

### Formen und Gebrauch

Das Passiv wird folgendermaßen gebildet:

essere/venire + Partizip Perfekt

In den zusammengesetzten Zeiten gebraucht man stets essere. Während venire eher den Handlungsvorgang in den Vordergrund stellt, kann essere auch zum Ausdruck eines Zustands verwendet werden:
Il viaggio **viene/è organizzato**. *Die Reise wird/ist organisiert.*

Das Partizip wird in Numerus und Genus an das Subjekt angeglichen:
La finestra **viene** aperta. *Das Fenster wird geöffnet.*
Gli spettacoli **vengono** rimandati. *Die Vorstellungen werden verschoben.*

Wie im Deutschen können nur transitive Verben ein Passiv bilden. Das direkte Objekt im Aktivsatz wird dann zum Subjekt des Passivsatzes. Die handelnde Person bzw. die Handlungsursache (das Subjekt des Aktivsatzes) wird mit da angeschlossen:
Maria viene/è invitata **dalla** vicina. *Maria wird/ist von der Nachbarin eingeladen.*
Das Passiv gibt es in allen Zeiten und Modi:
La lettera **è/viene scritta**. *Der Brief wird geschrieben.*
La lettera **è stata scritta/veniva scritta**. *Der Brief wurde geschrieben.*
La lettera **sarà scritta**. *Der Brief wird geschrieben werden.*
Penso che la lettera **sia stata scritta** dalla segretaria. *Ich denke, dass der Brief von der Sekretärin geschrieben wurde.*

Die Modalverben potere *können* und dovere *müssen/sollen* werden wie im Deutschen mit der Aktivform des Modalverbs + Infinitiv Perfekt konstruiert:
La lettera **deve essere scritta** subito. *Der Brief muss sofort geschrieben werden.*

ℹ Im Passiv haben neben dovere auch andare + Partizip Perfekt sowie essere + da + Infinitiv Präsens die Bedeutung *müssen*:
La lettera **va scritta/è da scrivere** subito. *Der Brief muss sofort geschrieben werden.*

Als Umschreibung des Passivs kann die si-Konstruktion verwendet werden. Das ursprüngliche direkte Objekt des Aktivsatzes wird zum Subjekt des Satzes, d. h. das Verb richtet sich in Numerus (und Genus in den zusammengesetzten Zeiten) nach diesem.

**Si comprano** delle arance. *Orangen werden gekauft./ Man kauft Orangen.*
**Si sono fatti** molti errori. *Viele Fehler wurden gemacht./ Man hat viele Fehler gemacht.*

# Auf einen Blick

## Das Passiv

Jedes transitive Verb hat neben seiner aktiven eine passive Form. Das Passiv wird gebildet mit:
**venire** oder **essere** + Partizip: **essere** gibt einen Zustand wieder, **venire** hingegen einen Vorgang.
Das Objekt im Aktivsatz wird zum Subjekt im Passivsatz und die handelnde Person, d. h. das Subjekt des Aktivsatzes wird mit **da** angeschlossen.
Aktivsatz: Maria **prepara** la torta. *Maria bereitet den Kuchen vor* → Passivsatz: La torta è **preparata** da Maria.

# 15 Die Konjunktion La congiunzione

**15.1 Die nebenordnende Konjunktion –**
La congiunzione coordinativa

**15.2 Die unterordnende Konjunktion –**
La congiunzione subordinativa

**„Wenn du mir einen Kaffee machst, stehe ich vielleicht auf …“**

{ *«Se mi fai un caffè, forse mi alzerò …»* }

# A2 Die Konjunktion

## A2 15.1 Die nebenordnende Konjunktion

Folgende Konjunktionen verknüpfen gleichrangige Sätze oder Satzteile:

A1 e(d) *und*
o/B1 oppure *oder*
quindi/allora *folglich, also*
A1 ma *aber*
B1 perciò *deshalb*
B1 invece *hingegen, jedoch*
B1 sia … sia/che *sowohl … als auch*
però *jedoch*
o … o *entweder … oder*
dunque/così *also, und so*
B1 né … né *weder … noch*
B2 tuttavia *trotzdem*
B2 anzi *im Gegenteil, sogar*

A1 io **e** te/io **o** lei *ich **und** du/ich **oder** sie*
Sono stanca, **ma** esco lo stesso. *Ich bin müde, **aber** gehe trotzdem aus.*
B1 Piove, **perciò** non esco. *Es regnet, **deshalb** gehe ich nicht aus.*
B1 A me piace stare al mare, Paolo **invece** preferisce la montagna. *Ich bin gerne am Meer, Paolo **jedoch** mag die Berge lieber.*
B2 Non mi disturbi, **anzi**, mi fa piacere vederti. *Du störst mich nicht, **im Gegenteil**, ich freue mich, dich zu sehen.*

## B1 15.2 Die unterordnende Konjunktion

Folgende Konjunktionen leiten einen untergeordneten Satz ein und stellen einen logischen Zusammenhang zwischen Haupt- und Nebensatzhandlung her:

### temporale Konjunktionen (Zeit)

A2 **quando** *als/wenn*
A2 **da quando** *seit*
**dopo che** *nachdem*
A2 **mentre** *während*
B2 **prima che** (+ Konj.) *bevor*
B2 **(non) appena** (+ Konj./Ind.) *sobald*

### kausale Konjunktionen (Grund)

A1 **perché** *weil*
B2 **poiché** *da, weil*
A2 **siccome** *da, weil*
B2 **visto che/dato che** *da, weil*

### finale Konjunktionen (Zweck)

B2 **affinché** (+ Konj.) *damit*
B2 **perché** (+ Konj.) *damit*

### konditionale Konjunktionen (Bedingung)

A2 **se** (+ Ind./Konj.) *wenn, falls*
B2 **a condizione che/purché** (+ Konj.) *unter der Bedingung, dass*
B2 **qualora** (+ Konj.) *wenn, falls*
B2 **nel caso che** (+ Konj.) *falls*

### konzessive Konjunktionen (Einschränkung)

A2 **anche se** *auch wenn*
B2 **tranne che/a meno che** (+ Konj.) *es sei denn, außer wenn*
B2 **benché/sebbene/nonostante** (+ Konj.) *obwohl*

### konsekutive Konjunktionen (Folge)

B2 **così/tanto … che** *so … dass*
B2 **cosicché** *sodass*

⚡ Nach einigen Konjunktionen steht der Konjunktiv.

**Mentre** mangiavo, è suonato il telefono. ***Während ich*** *aß, klingelte das Telefon.*
Non ti ho chiamato, **perché** avevo la febbre. *Ich habe dich nicht angerufen,* ***weil*** *ich Fieber hatte.*
Ripeto, **perché** lo capiscano tutti. *Ich wiederhole,* ***damit*** *es alle verstehen.*
B2 Ti aiuterò, **purché** tu mi dica la verità. *Ich werde dir helfen* ***unter der Bedingung, dass*** *du mir die Wahrheit sagst.*
A2 Esco, **anche se** piove. *Ich gehe aus,* ***auch wenn*** *es regnet.*
La nebbia era **così** fitta, **che** non si vedeva nulla. *Der Nebel war* ***so*** *dicht,* ***dass*** *man nichts sah.*

B2 ⚡ Bei folgenden Konjunktionen sind einige Besonderheiten zu beachten:

- Die mit siccome, dato che, visto che oder poiché eingeleiteten Sätze gehen immer dem Hauptsatz voraus:
  **Siccome** avevo fame, … *Da ich Hunger hatte, …*
- Nach se bzw. anche se steht der Indikativ, wenn die Handlung real ist:
  **Se ho** tempo, vengo volentieri. *Wenn/Falls ich Zeit habe, komme ich gerne.*
- Nach se bzw. anche se steht der Konjunktiv, wenn irreale Handlungen der Gegenwart (Konj. Imp.) und der Vergangenheit (Konj. Plusqu.) ausgedrückt werden:
  **Se** io **avessi** tempo, verrei. *Wenn ich Zeit hätte, käme ich.*
  **Se** mi **avesse chiamato** prima, sarei venuta. *Wenn er/sie mich früher angerufen hätte, wäre ich gekommen.*

# Auf einen Blick

## Die Konjunktion

Im Italienischen unterscheidet man zwischen:
- nebenordnenden Konjunktionen, die Satzteile oder Sätze miteinander verbinden:
  - e *und*: Io **e** Maria usciamo. *Maria und ich gehen aus.*
  - anche *auch*: Vieni **anche** tu? *Kommst du auch mit?*
  - ma/però *aber*: Vengo, **ma** non sto molto. *Ich komme, bleibe aber nicht lange.*
  - sia ... sia che *sowohl … als auch*: Mi piace **sia** questo **sia/che** quello. *Mir gefällt sowohl dieses wie jenes.*
  - né ... né *weder … noch*: Non prendo **né** questo **né** quello. *Ich nehme weder dieses noch jenes.*
  - perciò *deshalb*: È malata, **perciò** non verrà. *Sie ist krank, deswegen wird sie nicht kommen.*
- unterordenenden Konjunktionen, die Nebensätze einleiten:
  - temporale Konjunktionen (Zeit): mentre *während*: **Mentre** mangiavo, leggevo. *Während ich aß, habe ich gelesen.*
  - kausale Konjunktionen (Grund): perché/poiché/sicomme/dato che *weil*: Non sono venuto, **perché** la macchina si è rotta. *Ich bin nicht gekommen, weil das Auto kaputt gegangen ist.*
  - konditionale Konjunktionen (Bedingung): se *falls*: **Se** vuoi, vai pure. *Falls du möchtest, geh schon mal.*
  - konzessive Konjunktionen (Einschränkungen): anche se *auch wenn*: Esco, **anche se** fa freddo. *Ich gehe aus, auch wenn es kalt ist.*

„Drei Autos …

{ *«Tre automobili …*

… fahren …

*… si sfidano…*

# 16 Die Wortstellung im Satz
# L'ordine delle parole

**16.1 Der Aussagesatz** – La frase dichiarativa

**16.2 Der Fragesatz** – La frase interrogativa

**... ein Rennen."**

*... in una corsa.»* }

A1

# Die Wortstellung im Satz

A1

## 16.1 Der Aussagesatz

Die regelmäßige Wortstellung im Aussagesatz lautet Subjekt – Verb – Objekt. In Sätzen mit zwei Objekten steht das direkte Objekt gewöhnlich vor dem indirekten Objekt.

| Subjekt | Verb | dir. Objekt | indir. Objekt |
|---|---|---|---|
| Marco | chiama | Luisa. | |
| Luisa | scrive | una lettera | a Marco. |

A2

Ist das Objekt ein Pronomen, so steht es in der Regel vor dem konjugierten Verb; enthält der Satz zwei Objektpronomen, wird das indirekte dem direkten vorangestellt (▶ 6.1):

Marco **la** chiama. *Marco ruft sie an.*

**Te lo** do. *Ich gebe es dir.*

B2

Im Begleitsatz der indirekten Rede steht das Subjekt nach dem Verb:

«Torno subito», dice **Mario**. *„Ich komme gleich wieder", sagt Mario.*

B1

Satzglieder können durch eine veränderte Wortstellung hervorgehoben werden:

- Das Subjekt wird durch Nachstellung betont:
  Fra un pò arriva **Mara**. *Mara kommt gleich.*
  Me l'hanno regalato **i nonni**. *Die Großeltern haben es mir geschenkt.*

- Das Objekt wird durch Voranstellen und Wiederaufnahme durch ein Pronomen betont:
  **Francesco** non **lo** inviterò. *Francesco werde ich nicht einladen.*
  **Al cinema** non **ci** vengo. *Ins Kino komme ich nicht.*

## 16.2 Der Fragesatz

A1

Die Wortstellung Subjekt – Verb – Objekt bleibt oft auch im Fragesatz mit perché *warum* und in Fragesätzen ohne Fragewort erhalten.

| | Subjekt | Verb | Objekt | |
|---|---|---|---|---|
| Perché | Marco | chiama | Luisa? | *Warum ruft Marco Luisa an?* |
| | Marco | chiama | Luisa? | *Ruft Marco Luisa an?* |

Davon abweichend steht das Subjekt im Fragesatz mit Fragewort nach dem Verb:
Dove va **Marietta**? *Wohin geht Marietta?*
A2 Che cosa ha detto l'**insegnante**? *Was hat der Lehrer gesagt?*
Quanti anni ha **il tuo marito**? *Wie alt ist dein Mann?*
A che ora comincia **il corso d'italiano**? *Um wie viel Uhr beginnt der Italienischkurs?*

# Auf einen Blick

## Die Wortstellung

Die Wortstellung ist im Italienischen sehr komplex, da sie viele Sonderfälle aufweist. Normalerweise lautet im Aussagesatz die Reihenfolge:
Subjekt – Verb – direktes Objekt – indirektes Objekt
Das Subjekt steht aber nach dem Verb, wenn:

- man das Subjekt hervorheben möchte: È arrivata **Maria**! *Maria ist da!*
- nach c'è und ci sono: A Roma ci sono molti **musei.** *In Rom gibt es viele Museen.*

Das Objekt steht vor dem Verb, wenn:

- es ein Pronomen ist: **Li** ho già letti (questi libri). *Ich habe sie schon gelesen.*
- man das Objekt besonders betonen möchte: **Il vino,** lo porto io. *Den Wein bringe ich.*

Treffen direktes und indirektes Pronomen aufeinander, steht das direkte Objekt vor dem indirekten Objekt.

Im Fragesatz bleibt die Wortstellung wie im Aussagesatz:

- wenn es Fragesätze ohne Fragewort sind: Marco legge il libro? *Marco liest das Buch?*
- wenn es Fragesätze mit perché sind: **Perché** Maria non viene? *Warum kommt Maria nicht?*

Im Fragesatz mit Fragewort steht ansonsten das Subjekt nach dem Verb: Qual è la **sua professione**? *Was sind Sie von Beruf?*

# 17 Die Verneinung La negazione

**17.1 Die einfache Verneinung** – La negazione semplice

**17.2 Die doppelte Verneinung** – La negazione doppia

**„Ich habe nichts gemacht!“**

{ *«Io non ho fatto niente!»* }

A1

# Die Verneinung

A1

## 17.1 Die einfache Verneinung

Die Verneinung wird im Italienischen meist mit non *nicht* ausgedrückt. Es steht vor dem Verb bzw. vor dem unbetonten Objektpronomen:
Marco **non** sta bene. *Marco geht es nicht gut.*
A2 **Non** mi piace. *Es gefällt mir nicht.*

Auch das deutsche *kein* wird meist mit non wiedergegeben. Steht *kein* jedoch vor dem Subjekt, wird es durch ein Indefinitpronomen ersetzt:
**Non** ho fame. *Ich habe keinen Hunger.*
**Nessun** italiano viene qui. *Kein Italiener (= Subjekt) kommt hierher.*

Als negative Antwort auf eine Entscheidungsfrage steht no *nein*. In verkürzten Sätzen ohne Verb hat no oft die Bedeutung *nicht*.
Hai fame? – **No.** *Hast du Hunger? – Nein.*
Perché **no**? *Warum nicht?*

A2

## 17.2 Die doppelte Verneinung

Einige Adverbien sowie die Pronomen niente *nichts* und nessuno *niemand* verbinden sich mit non zu einer doppelten Verneinung:

| | |
|---|---|
| non … mai | *nie* |
| non … più | *nicht mehr* |
| non … mai più | *nie mehr* |
| B1 non … mica | *doch nicht* |
| non ... ancora | *noch nicht* |
| A1 non … nessuno | *niemand* |

| | |
|---|---|
| non ... ancora nessuno | *noch niemand* |
| non ... niente | *nichts* |
| non ... mai niente | *nie etwas* |
| B1 non ... nemmeno | *nicht einmal* |
| non ... affatto | *überhaupt nicht* |
| B1 non ... né ... né | *weder ... noch* |

Non steht immer vor dem Verb, das zweite Verneinungselement in der Regel direkt danach bzw. nach dem Hilfsverb:

**Non** ha **mai** fumato. *Er/Sie hat nie geraucht.*

B1 **Non** ho **né** mangiato **né** bevuto. *Ich habe weder gegessen noch getrunken.*

Nessuno und niente stehen nach dem gesamten Verb:

Non è venuto **nessuno**. *Es ist niemand gekommen.*

Non ci capisco più **niente**. *Ich verstehe gar nichts mehr.*

Zur stärkeren Betonung können mai, mica, nemmeno, nessuno, niente auch vor dem Verb stehen, non entfällt hierbei: B1

**Nemmeno** lei è venuta. *Nicht einmal sie ist gekommen.*

Wird mai ohne non gebraucht, kann es auch eine positive Bedeutung haben:

Sei mai stato in Italia? *Bist du jemals in Italien gewesen?*

# Auf einen Blick

## Die Verneinung

Es gibt mehrere Verneinungen:

- **Non**: Dies ist die wichtigste Verneinung im Italienischen. **Non** entspricht dem deutschen *nicht* und steht vor dem Verb oder vor dem unbetonten Objektpronomen: **Oggi non lavoro.** *Heute arbeite ich nicht.*
  ⓘ **Non** kann auch das mit einem Substantiv verbundene *kein* wiedergeben. **Non ho tempo.** *Ich habe keine Zeit.*
  ⚡ Steht *kein* vor dem Subjekt, wird es durch ein Indefinitpronomen ersetzt: **Nessun studente aveva il libro.** *Kein Student hatte das Buch.*
- **No**: Es bedeutet *nein*: **Mangi con noi? No, grazie.** *Isst du mit uns? Nein, danke.*
  Es entspricht aber auch sehr oft dem deutschen *nicht*, vor allem am Satzende: **Penso di no!** *Ich denke nicht!*
  ⚡ Der Ausdruck **se no** bedeutet auf Deutsch *sonst, wenn nicht*: **Vai, se no fai tardi.** *Geh, sonst kommst du zu spät.*
- Die mehrteilige Verneinung: Einige Adverbien wie **niente** *nichts* oder **nessuno** *niemand* verbinden sich mit **non**: **Non ho visto nessuno.** *Ich habe niemanden gesehen.*
  ⓘ **Non** steht vor dem Verb bzw. dem Hilfsverb, die zweite Verneinung direkt danach: **Non ho mai fumato.** *Ich habe nie geraucht.*
  ⚡ **Nessuno** und **niente** stehen ganz am Ende. **Non so più niente.** *Ich weiß nichts mehr.*

Zur Betonung bzw. Hervorhebung benutzt man oft **mica**. **Non sei mica matto?** *Du bist doch nicht verrückt?*

# 18 Die indirekte Rede
# Il discorso indiretto



„Aber er hat doch versprochen, dass er mich anrufen würde.“

{ *«Ha promesso che mi avrebbe chiamato.»* }

## B2 Die indirekte Rede

Die indirekte Rede wird im Italienischen von einem Verb wie **dire** *sagen*, **raccontare** *erzählen*, **affermare** *behaupten*, **pensare** *denken* etc. und der **Konjunktion che** *dass* eingeleitet. Sie steht – anders als im Deutschen – in der Regel im Indikativ.

| direkte Rede | indirekte Rede |
|---|---|
| «Paolo sta meglio.» | Dice **che** Paolo sta meglio. |
| *„Paolo geht es besser."* | *Er/Sie sagt, dass es Paolo besser geht.* |
| «Abbiamo preso il treno.» | Ha raccontato che avevano preso il treno. |
| *„Wir haben den Zug genommen."* | *Er/Sie hat erzählt, dass sie den Zug genommen haben.* |

Vor **che** steht kein Komma und **che** kann nicht weggelassen werden.

Die indirekte Frage wird durch Verben wie **domandare** *fragen* und **chiedere** *fragen* oder **voler sapere** *wissen wollen* eingeleitet. Sie wird entweder mit der Konjunktion **se** *ob* oder mit einem Fragewort angeschlossen:

| direkte Frage | indirekte Frage |
|---|---|
| «Venite stasera?» | Ci domandano **se** veniamo stasera. |
| *„Kommt ihr heute Abend?"* | *Sie fragen uns, ob wir heute Abend kommen.* |
| «Dove sei?» | Vuole sapere **dove** sono. |
| *„Wo bist du?"* | *Er/Sie will wissen, wo ich bin.* |

## 18.1 Die Änderung der Personen-, Orts- und Zeitangaben

B2

Bei der Umformung in die indirekte Rede müssen Personenangaben und Verbformen angepasst werden:

| | | |
|---|---|---|
| «Verr**ò** da **te.**» | → | Dice che verr**à** da **me.** |
| *„Ich werde zu dir kommen."* | → | *Er/Sie sagt, dass er/sie zu mir kommen wird.* |

Wie im Deutschen ändern sich Zeit- und Ortsangaben in der indirekten Rede, wenn die Redeeinleitung in der Vergangenheit steht.

| | | |
|---|---|---|
| oggi *heute* | → | quel giorno *an jenem Tag* |
| ieri *gestern* | → | il giorno prima *am Tag davor* |
| domani *morgen* | → | il giorno dopo *am Tag danach* |
| adesso *jetzt* | → | allora *damals* |
| qui/qua *hier* | → | lì/là *dort* |

| | | |
|---|---|---|
| «Sono arrivato **ieri.**» | → | Ha detto che era arrivato **il giorno prima.** |
| *„Ich bin gestern angekommen."* | → | *Er hat gesagt, dass er am Tag davor angekommen war.* |

## 18.2 Die Zeitenfolge

B2

Die Zeitenfolge in der indirekten Rede ist an feste Regeln gebunden. Es wird hierbei genau unterschieden, ob die Handlung der indirekten Rede früher, gleichzeitig oder später geschieht als die des einleitenden Hauptsatzes. Im Indikativ ist die folgende Zeitenfolge einzuhalten:

| Hauptsatz | Nebensatz |
|---|---|
| **Präsens**<br>**Dice**<br>*Er/Sie sagt,* | • Vorzeitigkeit (früher, gestern etc.): **Perfekt** auch: Plusquamperfekt, Historisches Perfekt)<br>**che è tornato ieri.** *dass er gestern zurückgekommen ist.*<br>• Gleichzeitigkeit (jetzt, heute etc.): **Präsens**<br>**che torna oggi.** *dass er heute zurückkommt.*<br>• Nachzeitigkeit (später, morgen etc.): **Präsens, Futur I**<br>**che torna/tornerà domani.** *dass er morgen zurückkommen wird.* |
| **Imperfekt/ Perfekt/ histor. Perf.**<br>**Diceva/ Ha detto/ Disse**<br>*Er/Sie sagte/ hat gesagt,* | • Vorzeitigkeit: **Plusquamperfekt**<br>**che era tornato il giorno prima.** *dass er tags zuvor zurückgekommen war.*<br>• Gleichzeitigkeit: **Imperfekt**<br>**che tornava.** *dass er zurückkam.*<br>• Nachzeitigkeit: **Konditional II (Imperfekt)**<br>**che sarebbe tornato (tornava) il giorno dopo.** *dass er tags darauf zurückkommen würde.* |
| **Futur I**<br>**Gli dirò**<br>*Ich werde ihm sagen,* | • Vorzeitigkeit: **Perfekt, Futur II**<br>**che ieri sono stata occupata tutto il giorno.** *dass ich gestern den ganzen Tag beschäftigt war.*<br>**chi avrà vinto la partita.** *wer das Spiel gewonnen hat.*<br>• Gleichzeitigkeit: **Präsens, Futur I**<br>**che vengo/verrò anch'io.** *dass auch ich komme/ kommen werde.*<br>• Nachzeitigkeit: **Präsens, Futur I**<br>**che vado/andrò a Milano dopo le vacanze.** *dass ich nach den Ferien nach Mailand fahren werde.* |

Indirekte Fragen können auch gemäß der Zeitenfolge im konjunktivischen Nebensatz gebildet werden (▶ 9.3).

# Auf einen Blick

## Die indirekte Rede

Die indirekte Rede wird im Italienischen:

- von Verben wie **dire** *sagen*, **pensare** *denken*, **affermare** *behaupten* und der Konjunktion **che** *dass* eingeleitet:
  „Ho fame." → **Dice** che ha fame.
  *„Ich habe Hunger." → Er sagt, dass er Hunger hat.*
- von Verben wie **domandare/chiedere** *fragen*, **voler sapere** *wissen wollen* und der Konjunktion **se** *ob* eingeleitet: „Venite?" → **Chiede** se veniamo.
  *„Kommt ihr?" → Sie fragt, ob wir kommen.*

Bei der indirekte Rede ändern sich:

- die Zeit- und die Ortsangabe: **oggi** *heute* → **quel giorno** *an jenem Tag*, **ieri** *gestern* → **il giorno prima** *am Tag davor*
- die Personal-, Possessiv- und Demonstrativpronomen: **io** *ich* → **lui/lei** *er/sie*, **mio** *mein* → **suo** *sein/ihr*, **questo** *dieser* → **quel** *der da*.
- Dic Zcitformen:
  Wenn der Einführungssatz im Präsens steht:
  - Vorzeitigkeit: Perfekt
  - Gleichzeitigkeit: Präsens
  - Nachzeitigkeit: Präsens, Futur I

  Wenn der Einführungssatz im Futur steht:
  - Vorzeitigkeit: Perfekt
  - Gleichzeitigkeit: Präsens, Futur I
  - Nachzeitigkeit: Präsens, Futur I

  Wenn der Einführungssatz im Imperfekt steht:
  - Vorzeitigkeit: Plusquamperfekt
  - Gleichzeitigkeit: Imperfekt
  - Nachzeitigkeit: Konditional II

# Tests

## 1 Der Artikel
**Setzen Sie die passende Form des Artikels ein.**

a. Luigi compra ........... casa.

b. ........... casa di Paola si trova in via Garibaldi.

c. ........... signor Lunardi è ........... mio vicino.

d. Manola ha ........... capelli lunghi.

e. Mi piacciono ........... spaghetti.

f. Stasera vado ........... teatro.

g. C'è ancora ........... pane?

h. Ci vediamo ........... cinque.

## 2 Das Substantiv
**Welche Form des Substantivs ist richtig? Kreuzen Sie an.**

a. Vado al ☐ corso ☐ corsi d'italiano.

b. Enrico ha due ☐ sorella ☐ sorelle.

c. Dove abitano le tue ☐ amice ☐ amiche?

d. Ci sono molti ☐ negozio ☐ negozi.

e. In Austria visitiamo solo due ☐ città ☐ citte.

f. Abbiamo bisogno di sei ☐ uovi ☐ uova.

g. Vanno a lavarsi ☐ i mani ☐ le mani.

## ❸ Das Adjektiv

A1

**Wie lautet die richtige Endung des Adjektivs?**

a. Andiamo in un ristorante italian......?

b. Ci sono ancora due tavoli liber.......

c. Sara porta una gonna ross.......

d. I Rossi hanno un cane grand.......

e. Prendo la camicia verd...... scur....... A2

f. Questo è proprio un bel...... posto. A2

## ❹ Das Adverb

B2

**Fügen Sie Adverbien in die Sätze ein. Manchmal muss das Adverb erst vom Adjektiv abgeleitet werden.**

a. Alfonso è in ritardo. (sempre) A2

..........................................................................................

b. Il treno per Milano è partito. (già) A2

..........................................................................................

c. Prendo l'autobus per andare in centro. (normale)

..........................................................................................

d. Cercano una commessa che parli il russo. (corrente)

..........................................................................................

e. Non voleva rinunciare al viaggio. (assoluto)

..........................................................................................

f. Luisa ha imparato la grammatica. (buono)

..........................................................................................

B1 ❺ **Der Vergleich**
**Bilden Sie Vergleichssätze mit den Vorgaben in Klammern. In manchen Sätzen ist auch der Anschluss mit di bzw. che richtig einzusetzen.**

a. Il libro è (+ interessante) .................................... film.

b. Le cravatte gialle sono (- bello) ....................................

quelle rosse.

c. Questa è (piazza ++ grande) ....................................

della città.

d. Hai visto (monti ++ alto) .................................. delle

Alpi?

e. Quest'anno stava ancora (+ male) .......................... .

f. In treno ci si arriva (= velocemente) ..............................

........... in macchina.

A2 ❻ **Das Pronomen**
**Ersetzen Sie in der Antwort die markierten Satzteile durch Pronomen.**

a. Sei andato al cinema con **Marco e Leonardo**?

Sì, ...................................................................................

b. Hanno già chiamato **Nicoletta**?

Sì, ...................................................................................

B1 c. Stefano deve ancora andare **dal medico**?

Sì, ...................................................................................

d. Hai portato il dolce alla nonna? **B1**

Sì, ..........................................................................

e. Siete andati all'ospedale a trovare il nonno? **B1**

Sì, ..........................................................................

f. Avete comprato un chilo di pomodori? **B1**

Sì, ..........................................................................

**7 Das Verb** **A2**
**Setzen Sie die Sätze ins Perfekt. Steht das Hilfsverb essere oder avere?**

a. I miei amici prendono il treno.

..........................................................................

b. Finisci l'ultimo libro di Stefano Benni?

..........................................................................

c. Le vacanze finiscono in settembre.

..........................................................................

d. Vi lasciamo un messaggio.

..........................................................................

e. Dovete passare in farmacia.

..........................................................................

f. Si riposano tutto il giorno.

..........................................................................

g. Queste scarpe mi costano molto.

..........................................................................

A1 **8 Der Indikativ**
**Setzen Sie die Verben in der angegebenen Form ein.**

a. Il sabato (Präsens: io andare) ................ in discoteca.

A2 b. Al concerto (Imperfekt: esserci) .............. molta gente.

A2 c. Alla festa non (Perfekt: venire) ................ nessuno.

B1 d. Brunelleschi (historisches Perfekt: costruire) ................ la cupola del Duomo di Firenze.

B2 e. Quando sono arrivata, (Plusquamperfekt: loro già partire) ................................ .

B1 f. In luglio (Futur I: noi vendere) .................. la macchina.

B1 g. Appena lo spettacolo (Futur II: finire) ........................ , tornerò a casa.

B1 h. (Konditional I: io avere) .......................... voglia di venire, ma purtroppo non posso.

B1 i. Sapeva che (Konditional II: tu andarci) .......................... ................ volentieri.

B2 j. Se me l'avesse detto prima, non (Konditional: io prenotare) ........................................ il tavolo.

B1 **9 Der Konjunktiv**
**Haken Sie ab, wenn die Konjunktivform richtig eingesetzt wurde, oder korrigieren Sie ggf. die Verbform.**

a. Prego, entri pure! ☐ ................

b. Dov'è Luca? Che siano andato a casa? ☐ ................

c. Speriamo che superiate l'esame. ☐ ................

d. Stessino almeno tranquilli! ☐ ................ B2

e. Vuole che non lo disturbano più. ☐ ................ B2

**10 Der Imperativ** B1
**Übersetzen Sie.**

a. Fahren wir los! ..........................................................

b. Lies das Buch! ..........................................................

c. Geht ins Bett! ..........................................................

d. Hab Geduld! ..........................................................

e. Fragen Sie ruhig den Arzt! ..........................................

f. Seid still! ..........................................................

g. Kauft keine Zeitung! ..................................................

**11 Der Infinitiv** A1
**Kreuzen Sie an, wie der Infinitiv korrekt angeschlossen wird.**

a. È possibile ☐ prenotare ☐ di prenotare ☐ a prenotare una camera con vista mare?

b. Sai ☐ parlare ☐ di parlare ☐ a parlare l'inglese?

c. Ha promesso ☐ da smetterla ☐ di smetterla ☐ a smetterla. A2

d. In questo museo c'è molto ☐ da vedere ☐ di vedere ☐ a vedere. A2

A2 e. Non hanno voglia ☐ visitare ☐ di visitare ☐ a visitare il duomo.

B1 f. Verrò ☐ trovarti ☐ di trovarti ☐ a trovarti la settimana prossima.

A2 **12 Das Partizip**
**Bilden Sie das Partizip wie vorgegeben.**

a. Partizip Perfekt: lavorare ..................................

b. Partizip Perfekt: leggere ..................................

B1 c. Partizip Perfekt: riprendere ..................................

B1 d. Partizip Präsens: amare ..................................

B1 e. Partizip Präsens: divertire ..................................

B1 f. Partizip Präsens: calmare ..................................

B2 **13 Das Gerund**
**Setzen Sie das angegebene Verb als Gerund ein.**

a. (Arrivare) ................ a casa, ho trovato il tuo biglietto.

b. Puoi informarti (ascoltare) ...................... la radio.

c. (Soffrire) ...................... il mal di mare, preferisce andare in aereo.

d. (Spendere) ................ meno soldi, non saresti nei guai.

e. Pur (essere) ................ ricco, non era affatto contento.

## 14 Das Passiv B2

**Formulieren Sie die Sätze im Passiv.**

a. Enrico paga il conto.

..........................................................................................

b. Abbiamo venduto la macchina ieri.

..........................................................................................

c. Luigi raccontò una storia divertente.

..........................................................................................

d. Non avete spento la radio.

..........................................................................................

e. Anche il disboscamento creerà cambiamenti nel clima.

..........................................................................................

..........................................................................................

f. Si deve pagare il conto prima del consumo.

..........................................................................................

## 15 Die Konjunktion A2

**Fügen Sie passende Konjunktionen in die Lücken ein.**

a. Forse non è giusto, ................. mi sembra normale.

b. I bambini giocavano ................. la nonna preparava il pranzo.

c. ................. domani non piove, facciamo un giro in bici.

d. A lei piace viaggiare, lui ................. vuole stare a casa. B1

B1 e. Abbassate la voce .................. non disturbiate i vicini!

B2 f. Non dorme fino a tardi, ............, gli piace alzarsi presto.

A1 16 **Die Wortstellung im Satz**
**Formulieren Sie mithilfe der Wörter vollständige Sätze in der angegebenen Zeit.**

a. Präsens: un caffè – Luigi – offrire – a Elena

..............................................................................................

b. Präsens: i tuoi genitori – dove – abitare

..............................................................................................

A2 c. Imperfekt: al ristorante – Alessandro – mangiare – spesso

..............................................................................................

A2 d. Perfekt: la storia – gli – noi – raccontare

..............................................................................................

A2 e. Präsens: te – io – portare – lo – domani

..............................................................................................

A1 17 **Die Verneinung**
**Verneinen Sie die folgenden Sätze.**

a. Il bar apre prima delle sette.

..............................................................................................

b. In spiaggia c'è molta gente.

..............................................................................................

A2 c. Mio padre torna sempre tardi.

..............................................................................................

d. Ogni bambino ama andare a letto. A2

..........................................................................................

e. Ha già mangiato. A2

..........................................................................................

f. Gli spaghetti ci piacevano tanto. B1

..........................................................................................

g. Abbiamo visitato il Colosseo e il Pantheon. B1

..........................................................................................

**18 Die indirekte Rede** B2
**Setzen Sie die Sätze in die indirekte Rede.**

a. «Prendo un bicchiere d'acqua.»

Marco dice ..........................................................................

b. «Non avevo voglia di uscire.»

Hai detto ..........................................................................

c. «Mio fratello è arrivato ieri.»

Disse ..........................................................................

d. «Abbiamo studiato la grammatica tutto il pomeriggio.»

Gli spiegherete ..........................................................................

..........................................................................................

e. «Comprerò una casa in campagna.»

Mi ha detto ..........................................................................

..........................................................................................

# Lösungen

**1. Der Artikel**
a. una, b. La, c. Il, il, d. i, e. gli, f. a, g. del, h. alle

**2. Das Substantiv**
a. corso, b. sorelle, c. amiche, d. negozi, e. città, f. uova, g. le mani

**3. Das Adjektiv**
a. italiano, b. liberi, c. rossa, d. grande, e. verde scuro, f. bel

**4. Das Adverb**
a. Alfonso è sempre in ritardo.
b. Il treno per Milano è già partito.
c. Normalmente prendo l'autobus per andare in centro.
d. Cercano una commessa che parli correntemente il russo.
e. Non voleva assolutamente rinunciare al viaggio.
f. Luisa ha imparato bene la grammatica.

**5. Der Vergleich**
a. Il libro è piu interessante del film.
b. Le cravatte gialle sono meno belle di quelle rosse.
c. Questa è la piazza più grande della città.
d. Hai visto i monti più alti delle Alpi?
e. Quest'anno stava ancora peggio.
f. In treno ci si arriva così velocemente come in macchina.

**6. Das Pronomen**
a. Sì, sono andato al cinema con loro.
b. Sì, l'hanno già chiamata.
c. Sì, Stefano ci deve ancora andare.
d. Sì, gliel'ho portato.
e. Sì, ci siamo andati/-e a trovarlo.
f. Sì, ne abbiamo comprato un chilo.

**7. Das Verb**
a. I miei amici hanno preso il treno.
b. Hai finito l'ultimo libro di Stefano Benni?
c. Le vacanze sono finite in settembre.
d. Vi abbiamo lasciato un messaggio.
e. Avete dovuto/Siete dovuti passare in farmacia.
f. Si sono riposati/-e tutto il giorno.
g. Queste scarpe mi sono costate molto.

**8. Der Indikativ**
a. vado, b. c'era, c. è venuto, d. costruì, e. erano già partiti/-e, f. venderemo, g. sarà finito, h. Avrei, i. ci saresti andato/-a, j. avrei prenotato

**9. Der Konjunktiv**
a. richtig, b. sia, c. richtig, d. Stessero, e. disturbino

**10. Der Imperativ**
a. Partiamo!, b. Leggi il libro!, c. Andate a letto!, d. Abbi pazienza!, e. Chieda pure al medico!, f. State zitti/-e!, g. Non comprate il giornale!

**11. Der Infinitiv**
a. prenotare, b. parlare, c. di smetterla, d. da vedere, e. di visitare, f. a trovarti

**12. Das Partizip**
a. lavorato, b. letto, c. ripreso, d. amante, e. divertente, f. calmante

**13. Das Gerund**

a. Arrivando a casa, ho trovato il tuo biglietto.
b. Puoi informarti ascoltando la radio.
c. Soffrendo il mal di mare, preferisce andare in aereo.
d. Spendendo meno soldi, non saresti nei guai.
e. Pur essendo ricco, non era affatto contento.

**14. Das Passiv**

a. Il conto viene / è pagato da Enrico.
b. La macchina è stata venduta ieri da noi.
c. La storia divertente fu raccontata da Luigi.
d. La radio non è stata spenta da voi.
e. I cambiamenti nel clima saranno creati anche dal disboscamento.
f. Il conto è da pagare / deve essere pagato prima del consumo.

**15. Die Konjunktion**

a. ma, b. mentre, c. Se, d. invece, e. perché, f. anzi

**16. Die Wortstellung im Satz**

a. Luigi offre un caffè a Elena.
b. Dove abitano i tuoi genitori?
c. Alessandro mangiava spesso al ristorante.
d. Gli abbiamo raccontato la storia.
e. Te lo porto domani.

**17. Die Verneinung**

a. Il bar non apre prima delle sette.
b. In spiaggia non c'è molta gente.
c. Mio padre non torna mai tardi.
d. Nessun bambino ama andare a letto.
e. Non ha ancora mangiato.
f. Gli spaghetti non ci piacevano affatto.
g. Non abbiamo visitato né il Colosseo né il Pantheon.

**18. Die indirekte Rede**

a. Marco dice che prende un bicchiere d'acqua.
b. Hai detto che non avevi voglia di uscire.
c. Disse che suo fratello era arrivato il giorno prima.
d. Gli spiegherete che avete studiato la grammatica tutto il pomeriggio.
e. Mi ha detto che avrebbe comprato una casa in campagna.

# Lösungen der Niveaustufentests

Hier finden Sie neben der Auswertung Ihrer Ergebnisse auch Empfehlungen zur Verbesserung Ihrer Sprachkenntnisse.

## Lösungen A1

1. **Der Artikel**
   a. Il fratello di Giorgio è bravo in chimica.
   b. Lo zio di Katia fa il meccanico.
   c. Domani vado in piscina con i miei amici.
2. **Das Adjektiv**
   a. le situazioni strane
   b. le persone cordiali
   c. il partito comunista
3. **Präsens Indikativ**
   a. (io) scrivo
   b. (noi) facciamo
   c. (tu) finisci
4. **Die Verneinung**
   a. Hai sete o no?
   b. A Laura non regalo niente!
   c. Oggi non ho proprio fame.
5. **Präpositionen und bestimmter Artikel**
   a. Ho dimenticato l'ombrello al ristorante.
   b. Molti agrumi provengono dalla Sicilia.
   c. Hanno fatto le vacanze con i genitori.
6. **Das Personalpronomen**
   a. Noi ascoltiamo la radio e tu?
   b. Voi andate al cinema e loro a teatro.
   c. Mi scusi Signor Arditi, Lei è Italiano?

### Empfehlung

1–6 Punkte: Ihre Kenntnisse stehen leider noch auf schwachen Beinen. Am besten nehmen Sie sich die Niveaustufe A1 gleich noch einmal vor.

7–12 Punkte: Prima! Sie haben bereits gute A1-Kenntnisse, allerdings punktuell noch Schwächen. Wiederholen Sie die Themen.

13–18 Punkte: Ausgezeichnet! Sie haben solide A1-Kenntnisse und können sich nun der Niveaustufe A2 zuwenden.

## Lösungen A2

1. **Das Substantiv**
   a. lo psicologo → gli psicologi
   b. la nave → le navi
   c. la paura → le paure
2. **Das Adjektiv**
   a. gli aerei nuovi e veloci
   b. le segretarie brave e efficienti
   c. l'attrice famosa e interessante
3. **Pronomen**
   a. Tra un'ora vi aspetto davanti al cinema.
   b. Non ti abbiamo chiesto niente.
   c. Luigi ha sempre un ombrello con sé.
4. **Das Adverb**
   a. Oggi non vado in ufficio: mi sento proprio male!
   b. Il tempo passa velocemente per tutti.
   c. Il treno si muove lentamente.
5. **Das Modalverb**
   a. Tania oggi non può uscire.
   b. Devi andare dal medico.
   c. Può (sa) anche parlare tedesco?
6. **Imperfekt**
   a. Lo scorso inverno facevamo lunghe passeggiate.
   b. Mio nonno mi raccontava sempre delle favole.
   c. In Italia (io) bevevo un limoncello dopo cena.

### Empfehlung

1–6 Punkte: Sie befinden sich noch am Anfang des Niveaus A2 und sollten die Themen nochmals gründlich durcharbeiten.

7–12 Punkte: Gut so! Ihre A2-Kenntnisse sind schon weit gediehen. Bevor Sie sich B1 zuwenden, sollten Sie jedoch einige Themen nochmals anschauen.

13–18 Punkte: Ausgezeichnet. Sie kennen sich mit den Grammatikthemen der Niveaustufe A2 sicher aus und können die Niveaustufe B1 angehen.

## Lösungen B1

1. **Der relative Superlativ**
   a. Edith è la cuoca più brava di tutte le sue amiche.
   b. La Sicilia è l'isola più grande del Mediterraneo.
   c. Da qui si vede il panorama più bello della città.
2. **Imperfekt oder Perfekt?**
   a. Da bambino giocava agli indiani.
   b. Stamattina sono andato/a al mercato.
   c. Un anno fa abbiamo fatto un viaggio.
3. **Indikativ oder Konjunktiv?**
   a. Mi dispiace che tu non abbia superato l'esame.
   b. Secondo la nostra opinione l'albergo è troppo caro.
   c. Pensi veramente che lei debba venire?
4. **Das Pronomen**
   a. Vuoi qualcosa da bere?
   b. Ognuno ha il suo posto a sedere.
   c. Chi parla bene l'italiano, supera l'esame.
5. **Das Passiv**
   a. Firenze è visitata da molti turisti.
   b. Queste trattorie sono frequentate da parecchi studenti stranieri.
   c. Il viaggio è organizzato dalla nostra associazione.
6. **Nebenordnende Konjunktionen**
   a. Ti aspetto alle sei, cioè tra un'ora precisa.
   b. L'offerta non è entusiasmante, tuttavia accetto.
   c. Silvio ama la musica rap, io invece quella classica.

### Empfehlung

1–6 Punkte: Für die Niveaustufe B1 sollten Sie nochmals alle relevanten Themen wiederholen.

7–12 Punkte: Prima! Sie haben schon einige B1-Kenntnisse, sollten aber die Themen überarbeiten, die Sie noch nicht sicher beherrschen.

13–18 Punkte: Ausgezeichnet! Sie haben das Niveau B1 im Griff und können nun die Niveaustufe B2 angehen.

# Lösungen B2

1. **Plusquamperfekt**
   a. Quando sono arrivato all'aeroporto l'aereo era partito.
   b. Ieri ho incontrato degli amici che erano andati in Africa.
   c. Dopo che la crisi era scoppiata tutti l'avevano prevista.

2. **Konditional II**
   a. A me sarebbe piaciuto/a andare in montagna.
   b. Ti avrei chiamato io, ma non potevo proprio.
   c. Noi avremmo aiutato Luigi, ma lui non ha voluto.

3. **Zahlen, Mengen und Maße**
   a. Una ventina di persone sta aspettando.
   b. Bastano poche migliaia di euro.
   c. Il corso dura un biennio.

4. **Unterordnende Konjunktionen**
   a. Non vado a scuola perché sto male.
   b. Voi fate il bagno anche se il mare è molto mosso.
   c. Non mi metto il cappotto, sebbene sia molto freddo.

5. **Die Zeitenfolge im Konjunktiv**
   a. ✓ Dubitavo che lui arrivasse in tempo.
   b. ✗ richtig: Pensavi che fosse sufficiente per essere felici?
   c. ✓ Credevano che lei fosse partita ieri.

6. **Das Adjektiv**
   a. Quella ragazza ha un bel viso regolare.
   b. Marco non ha buone maniere.
   c. I Napoletani hanno un bello stadio.

## Empfehlung

1–6 Punkte: Für die Niveaustufe B2 reicht es leider noch nicht. Überarbeiten Sie die wichtigen Themen dieses Niveaus gründlich.

7–12 Punkte: Gut so! Das Niveau B2 haben Sie fast in der Tasche. Lediglich einige Themen sollten Sie nochmals anschauen.

13–18 Punkte: Ausgezeichnet! Sie haben Ihre Kenntnisse der Niveaus A1 bis B2 bewiesen.